HAGENBECK
TIERPARK UND TROPEN-AQUARIUM

Wie geht das?

J.P. BACHEM VERLAG

Exotische Tiere hautnah

An einem Tag in der Arktis schwimmenden Eisbären begegnen, im tropischen Regenwald kunterbunte Fische sowie giftige Schlangen beobachten und sogar einem Elefanten über den Rüssel streicheln? Du denkst, das ist nicht möglich? Doch! Dieses Buch nimmt Dich mit auf eine Reise durch den Tierpark und das Tropen-Aquarium Hagenbeck – und damit einmal rund um die Welt.

Warum frieren Walrosse nicht? Welche Tiere leben im Roten Meer? Wie kalt ist das Wasser im Eismeer? Und wer hat bei den Kattas das Sagen? Die Antworten auf diese und viele andere Fragen erfährst Du in diesem Buch. Natürlich verraten wir Dir auch, was ein ausgewachsener Elefant am Tag verspeist und wer der schnellste Läufer unter den Tieren im Tierpark ist.

Damit der Tagesablauf im Tierpark und im Tropen-Aquarium optimal funktioniert, sind viele fleißige Hände notwendig. Die Tiere müssen versorgt und ihre Gehege gereinigt werden. Wir schauen dem Futtermeister über die Schulter, werfen einen Blick auf die Technik hinter den Kulissen und erklären Dir, worin die Aufgaben eines Tierpflegers bestehen.

Wusstest Du, dass der Tierpark schon vor mehr als 100 Jahren seine Tore öffnete und dass das Konzept der Gehegegestaltung von Carl Hagenbeck weltweit bekannt wurde? Wir nehmen Dich mit auf eine Zeitreise zu den Anfängen des Tierparks und stellen Dir einen jungen Mann mit einer großen Liebe zu Tieren und einer bahnbrechenden Idee vor. Außerdem erfährst Du, welche Tiere in Hamburg gezüchtet werden und warum manche Tierkinder ganz besondere Aufmerksamkeit bekommen. Bist Du neugierig geworden? Dann kann es ja losgehen!

Tierisch viel Spaß beim Lesen
wünschen Dir

Deine Hagenbecks

Übrigens:
Typische Fachbegriffe aus dem Bereich der Biologie und Zoologie, die Du vielleicht noch nicht kennst, sind mit einer Pfote markiert. Im Tierpark-1x1 auf den Seiten 62 und 63 werden diese Begriffe erklärt.

INHALT

Circus Carl Hagenbeck

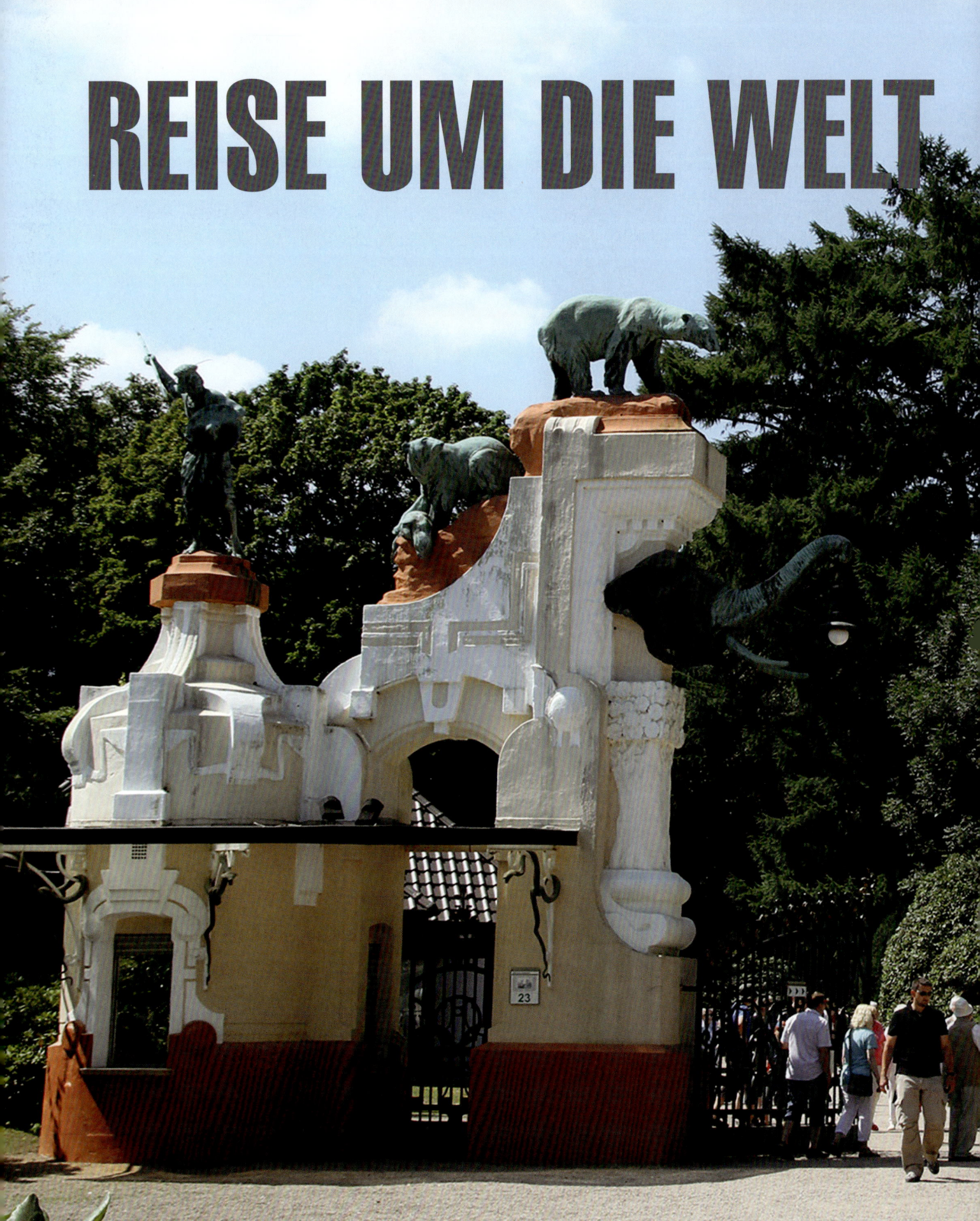

REISE UM DIE WELT

Warum ist Hagenbeck ein **Tierpark** und kein Zoo?

Welche **Bewohner** darfst Du selber **füttern**?

Was sind **Nesseltiere**?

Welche Tiere leben im **Tropen-Aquarium**?

Was kannst Du in der **Zooschule** lernen?

Auf Entdeckungstour

Mehr als 100 Jahre ist es her, dass Carl Hagenbeck den Tierpark Hagenbeck in Hamburg eröffnete. Zum ersten Mal zeigte er Tiere ohne Käfige und Gitter. Das gab es noch nirgendwo auf der Welt. Heute leben hier mehr als 1.860 Tiere aus rund 210 verschiedenen Tierarten.

Gitterlose Erlebniswelten

Die Gehege bei Hagenbeck sind groß, abwechslungsreich gestaltet und ahmen den natürlichen Lebensraum der Tiere nach. Im Afrika-Panorama zum Beispiel leben Flamingos, verschiedene Wasservögel, Zebras, Strauße, Warzenschweine und Löwen scheinbar in einem Gehege. Doch der Schein trügt. Das Geheimnis sind unsichtbare Gräben und Wege, die die Tiere voneinander trennen. Weil die ganze Anlage wie ein großer Park angelegt ist, nennt sich Hagenbeck „Tierpark" und nicht „Zoo". Auf einer Fläche von 19 Hektar – das ist ungefähr so groß wie 18 Fußballfelder – gibt es viele Wiesen, Teiche, alte Bäume und naturbelassene Wege, also keinen Asphalt wie auf der Straße. Die weitläufigen Anlagen für die Tiere fügen sich perfekt in diese Parklandschaft ein.

Füttern erlaubt

Gesundes Obst und Gemüse – das fressen viele Tiere im Tierpark gern. Und das Beste ist, Du darfst sie damit füttern! Gegen eine kleine Spende bekommst Du am Eingang eine Futtertüte. Darin enthalten sind gesunde Nahrungsmittel, die Du zum Beispiel den Elefanten, Pavianen, Ziegen, Alpakas, aber auch den frei laufenden Tieren anbieten kannst. Dabei kannst Du sie aus nächster Nähe beobachten und mit etwas Glück lassen sich einige Bewohner sogar streicheln.

Ungewöhnliche Wohngemeinschaft

Im Orang-Utan-Haus gibt es eine spannende Tier-WG. Hier leben Asiatische Kurzkrallenotter dicht an dicht mit den imposanten Menschenaffen. Ab und zu kommt es sogar vor, dass die flinken Otter sich aus dem Wasser trauen und die Orang-Utans ärgern. Sie klauen ihnen ihr Spielzeug, am liebsten die Decken und Tücher. Aber auch die Orang-Utans sind nicht immer nett. Manchmal stibitzen sie den Zwergottern ihre Fische. Der Name Orang-Utan kommt übrigens aus Indonesien und bedeutet Waldmensch.

Tierisch was los!

Mehr als 60 Mantelpaviane tollen auf dem Pavian-Felsen herum. Auch bei den 🐾 **Hundsaffen** gibt es keine Zäune oder Gitter. So kannst Du das bunte Treiben besonders gut beobachten. Nach dem Ersten Weltkrieg entstand dieses Affenparadies 1925 als erste neue Anlage im Tierpark Hagenbeck. Die Paviane lieben es, auf den Felsen und Bäumen zu spielen und zu klettern. In den vielen Nischen kuscheln sich die Tiere zum Schlafen eng zusammen. Nachwuchs gibt es hier das ganze Jahr über. Die kleinen Paviane nutzen ihre Mütter gern als Taxi und lassen sich von ihnen durch die Anlage tragen. Bei Streitigkeiten ist das Gezeter auf dem Felsen groß! Er wurde allerdings so angelegt, dass der Unterlegene nach einem Streit aus dem Blickfeld des stärkeren Tieres verschwinden kann. Ranghohe Männchen erkennst Du an der üppigen Mähne. Besonders auffallend ist das rote Hinterteil einiger Affen. Es ist bei paarungsbereiten Weibchen stark geschwollen und wirkt so besonders anziehend auf männliche Tiere.

Tropische Welten

Mehr als 14.300 Tiere, die am 🐾Äquator beheimatet sind, leben im Tropen-Aquarium. Ein verschlungener Dschungelpfad führt Dich vorbei an Riesenschlangen und Krokodilen. In dunklen Höhlen siehst Du Pfeilgiftfrösche, Skorpione, Fledermäuse und Käfer. Und an der Forscherstation kannst Du sogar eine echte Schlangenhaut anfassen. In der Unterwasserwelt leben die buntesten Fische, auch Haie und Rochen werden Dir begegnen.

Azurblauer Pfeilgiftfrosch

Nilkrokodil

Dschungel-Teppichpython

Gefleckter Adlerrochen

Bunte Unterwasserwelt

Das Korallen-Saumriff ist das artenreichste Becken im Tropen-Aquarium. Hier leben mehr als 60 verschiedene Fisch- und Korallenarten. Auf dem Grund kannst Du wirbellose Tiere, also Tiere ohne Wirbelsäule, wie Muscheln, Krebse, Seesterne und Seeigel entdecken. 56.000 Liter Salzwasser passen in das Becken. Das sind etwa 470 Badewannen voll! Hier leben einige Fische mit ungewöhnlichen Namen. So wie der Gemeine Wimpelfisch, der Gewöhnliche Kofferfisch oder auch der Schokoladendoktorfisch.

„Meine Arbeit im Tropen-Aquarium ist so vielfältig wie sein Artenreichtum. Neben den organisatorischen Aufgaben macht es mir große Freude den Menschen exotische Tiere näher zu bringen, seltene Tierarten zu züchten und mit den Haien zu tauchen."

Dr. Guido Westhoff, Leiter des Tropen-Aquariums

Achtung tief fliegende Vögel!

Im Tropen-Aquarium begegnest Du vielen frei fliegenden und frei laufenden Tieren. Gleich am Eingang empfängt Dich eine Gruppe Kattas. Diese Affen gehören zu den Lemuren. Du kennst sie bestimmt aus dem Zeichentrickfilm „Madagaskar". Zusammen mit bunten Gebirgsloris leben die Kattas auf dem Madagaskar-Dorfplatz. Die Vögel fliegen gern laut zwitschernd dicht über die Köpfe der Besucher hinweg. Um die zahlreichen Echsen und afrikanischen Vögel zu entdecken, brauchst Du gute Augen. Sie können sich überall verstecken.

Karminspinte

WELTMEISTERWISSEN

Blumentiere

Korallen sind Tiere und keine Pflanzen. Sie gehören zu den Blumentieren, genau wie Seeanemonen. Etwa 1.000 Arten von Blumentieren gibt es auf der Welt. Sie leben im flachen Wasser, aber auch in der Tiefsee, von der Südsee bis hin zu den kalten Polen. Wie Quallen gehören sie zu den Nesseltieren. Das sind Tiere, die  Nesselzellen tragen und bei Berührung Schmerzen verursachen.

Riesen-Zackenbarsch

Alte Freunde

Du wirst staunen, wenn Du vor der riesigen Scheibe des Großen Hai-Atolls stehst. Ist Dir der dicke, graue und missmutig aussehende Fisch aufgefallen? Das ist Riesen-Zackenbarsch Zorro, der bereits seit der Eröffnung des Tropen-Aquariums hier lebt und gemütlich seine Bahnen zieht. Auch verschiedene Rochenarten kannst Du hier entdecken. Die eleganten Schwimmer bewegen ihre Brustflossen fast wie Flügel. Das sieht aus, als würden die Tiere durch das Wasser fliegen. Auch die beiden Zebrahaie Harry und Sally schwimmen hier bereits seit vielen Jahren gemeinsam umher. Du erkennst sie an dem langen Schwanz und den vielen dunklen Punkten auf ihrer Haut.

Zebrahai

Natur hautnah erleben

Im Tierpark kannst Du die Tiere nicht nur anschauen, Du kannst auch eine Menge über sie lernen. Eine wichtige Aufgabe des Tierparks ist es, das Bewusstsein der großen und kleinen Besucher für die Natur und die Tiere zu wecken. Die pädagogische Abteilung, die sich bei Hagenbeck genau darum kümmert, heißt Zooschule und wurde 1985 gegründet.

Lernen mit allen Sinnen

In einer Zooschule lernst Du anders als in normalen Schulen. Hier ist nicht nur Dein Verstand wichtig. Du wirst riechen, hören, fühlen und sehen. Alle Sinne sind beteiligt, wenn Du die vielfältige Welt Hagenbecks kennenlernst. Die mehr als 40 Lehrer der Zooschule haben sich ganz unterschiedliche Programme ausgedacht. Alle haben eines gemeinsam: Sie machen Spaß! Auch Dein Biologie-Unterricht kann bei Hagenbeck stattfinden. Frag Deinen Lehrer doch mal danach. Die Zooschule bietet für Schulklassen 30 verschiedene Themenführungen durch den Tierpark und das Tropen-Aquarium an, natürlich auch für unterschiedliche Klassenstufen.

Wissen greifbar machen

Wenn Du jüngere Geschwister hast, weißt Du vielleicht, dass Babys alles um sich herum greifen, um es zu erkunden. Und hast Du schon einmal beobachtet, dass Babys alles in den Mund stecken, was sie in die Hände bekommen? Das ist ein erster Schritt zum Verstehen. Ähnlich wird es Dir ergehen, wenn Du eine Führung mit den Zooschullehrern machst. Egal ob Du im Tierpark oder im Tropen-Aquarium „Unterricht" erhältst, es gibt immer eine Menge interaktiver Angebote – also Angebote, bei denen Du etwas anfassen oder ausprobieren kannst. So kannst Du die Natur besser begreifen und verstehen.

Eine Schule für alle

Wenn Du am liebsten zusammen mit Deiner Familie etwas unternimmst, ist eine Familienführung genau richtig für Dich. Dort bist Du für eineinhalb Stunden mit Deinen Lieben und einem Zooschullehrer zusammen unterwegs. An Familienführungen können bis zu 15 Personen teilnehmen. Die Zooschule bietet hierfür viele verschiedene Themen an. Ihr könnt zum Beispiel alle einmal Blasrohrschießen ausprobieren und selbst erleben, wie schwierig es für einen Tierarzt ist, sein Ziel genau zu treffen.

Ferien im Tierpark

In den Ferien bietet die Zooschule spezielle Programme an. Beim „Kleinen Tierpfleger" erfährst Du, was ein Tierpfleger alles wissen und können muss, und darfst sogar selbst Deine Stärke und Geschicklichkeit unter Beweis stellen. Zum Beispiel beim Schubkarrenrennen. Als kleine Auszeichnung erhältst Du am Ende den Schubkarren-Führerschein. Nach diesem Abenteuer weißt Du wahrscheinlich genau, ob der Beruf des Tierpflegers etwas für Dich ist oder nicht.

Geburtstags-Party bei Hagenbeck

Wie wäre es, wenn Du Deine Freunde mit auf eine abenteuerliche Führung nimmst? Die Zooschule bietet speziell für Geburtstagskinder tolle Rallyes und Führungen an. Bei der Themenauswahl richten sich die Zooschullehrer ganz nach Deinen Wünschen oder Lieblingstieren. Führungen gibt es bereits für Vierjährige. Aber auch für ältere Kinder werden spannende Aktionen angeboten. Bei der Führung „Spurensuche" kannst Du zum Beispiel an Duftgläsern schnuppern oder in Tastbeuteln Dein Fingerspitzengefühl ausprobieren. Und: Für Deine Geburtstagsparty bekommst Du von der Zooschule auch besonders schöne tierische Einladungskarten.

TIERISCH EINZIGARTIG

Was ist das **Eismeer**?

Welche Tiere laufen im Tierpark **frei herum**?

Worin unterscheidet sich der **Asiatische** vom **Afrikanischen Elefanten**?

Warum werden einige Tiere **von Hand aufgezogen**?

Was fressen Elefanten **besonders gerne**?

Zu Besuch im Eismeer

Im Eismeer gehst Du auf eine Expedition zu den Bewohnern von Nord- und Südpol. Dabei siehst Du die Tiere nicht nur an Land. Durch die großen Panoramascheiben kannst Du sie auch unter Wasser beobachten. Die mächtigen und gemütlichen Walrosse sind in ihrem Element elegant und wendig. Auch Seebären und Pinguine fliegen an den Scheiben pfeilschnell an Dir vorbei.

Historisch

Bereits vor mehr als 100 Jahren – als Carl Hagenbeck 1907 den Tierpark eröffnete – weihte er auch das „Nordland-Panorama" ein. Das war eine arktische Landschaft, in der die Besucher nur durch Gräben von den Tieren getrennt waren. Damals war das eine Sensation, denn bisher waren Tiere, besonders so gefährliche wie Eisbären, immer nur hinter Gittern zu sehen gewesen. Im Krieg wurde das Panorama zerstört und danach viel kleiner aufgebaut. 2009 wurde es dann komplett abgerissen und ist nach dem Neubau größer und schöner als je zuvor.

…und modern

Das neue Eismeer sieht zwar von außen fast so aus wie das ursprüngliche „Nordland-Panorama", ist aber viel moderner. Um Energie zu sparen, werden Regenwasser, die Kraft der Sonne und die Kälte des Grundwassers genutzt. Hier kannst Du Eisbären, Walrosse, Seebären, Kegelrobben, unterschiedliche Pinguinarten und jede Menge Seevögel über und unter Wasser beobachten. 5,3 Millionen Liter Wasser – das sind etwa 35.000 Badewannen voll – bieten den Tieren in verschiedenen Becken jede Menge Platz zum Schwimmen, Tauchen und Toben.

WELTMEISTERWISSEN

Walrosse

Das Walross ist eine Robbenart, die in den kalten Meeren der Nordhalbkugel zu Hause ist. Seine Haut ist bis zu 10 Zentimeter dick. Darunter kann eine bis zu 15 Zentimeter dicke Fettschicht liegen, die auch im Eiswasser schön warm hält. Walrosse sind Raubtiere und ernähren sich hauptsächlich von wirbellosen Wassertieren wie Muscheln. Um ihre Beute aufzuspüren, wühlen sie den Meeresboden auf, indem sie ihre Flossen einsetzen oder mit ihrem Maul Wasser versprühen. Mit der Schnauze nehmen die Tiere dann die Nahrung auf und saugen das Muschelfleisch wie ein Staubsauger aus den Schalen.

Die Stars im Eismeer

Die Walrossanlage ist mit einer Tauchtiefe von fast acht Metern eines der tiefsten Becken in Europa. Hier leben die Walrossdamen Raisa, Dyna mit ihrem Jungtier Thor, Polosa mit ihrem Baby Loki und der Walrossbulle Odin. Thor ist im Juni 2014 als erstes Walrossbaby Deutschlands im Tierpark Hagenbeck geboren. 2015 erblickte seine Halbschwester Loki das Licht der Welt.

Reise der Pinguine

Im kältesten Eismeer-Bereich können die antarktischen Esels- und Königspinguine auf eine Reise gehen. Denn wenn sie von ihrem Koloniefelsen mit einem Kopfsprung ins Wasser tauchen, kommen sie nicht auf demselben Weg zurück. Sie müssen ans andere Ufer schwimmen und von dort den langen Weg zurück zu ihrer Kolonie klettern, rutschen und hüpfen. Genauso, wie sie es auch am Südpol machen würden. Wenn Du durch die Anlage gehst, kannst Du die Tiere auf ihrem Weg beobachten. Mithilfe von Kühlmaschinen ist es hier so kalt, dass es sogar Eiszapfen gibt und Du auch im Sommer eine dicke Jacke brauchst. Die Pinguine fühlen sich aber bei höchstens sieben Grad Lufttemperatur tierisch wohl.

Freundliche Dickhäuter

Elefanten gehören bei Hagenbeck zu den beliebtesten Tieren. Sie sind das Wahrzeichen des Tierparks. Dafür, dass sie sich wohlfühlen, wird sehr viel getan. Seit den 1990er Jahren kommen regelmäßig Elefantenbabys zur Welt. Elefantendame Kandy wurde 2003 als erster Elefant Deutschlands im Kreis der Herde geboren. 2016 kam ihr erstes eigenes Jungtier zur Welt. Und: Im Tierpark Hagenbeck kannst Du die Elefanten sogar füttern.

Getrennte Welten

Im Tierpark Hagenbeck leben die Asiatischen Elefanten in einer Anlage von etwa 8.000 Quadratmetern. Das ist ungefähr so groß wie ein Fußballfeld. Weibliche Elefanten werden Kühe genannt, die Männchen Bullen. Das ist genauso wie bei Rindern. Die Kühe und ihre Jungtiere leben alle gemeinsam in einem weitläufigen Gehege. Nachts schlafen sie zusammen in der großen Freilaufhalle. Der Bulle hat einen eigenen Stall und ein eigenes Gehege. Auch im Freiland würden Kühe und Bullen getrennt voneinander leben und sich nur treffen, um Nachwuchs zu zeugen. Die Gehege sind so naturnah wie möglich gestaltet und bieten den Elefanten alles, was sie zum Wohlfühlen brauchen: Wasser, Sand, Lehm, Felsen und Bäume.

Familienzuwachs

Es gibt nicht mehr viele Asiatische Elefanten auf der Welt. Ihr Lebensraum schrumpft immer weiter. Mehr als die Hälfte aller Tiere lebt bereits in menschlicher Obhut. Seit 1992 kamen bei Hagenbeck 13 gesunde Elefantenbabys zur Welt. Das Besondere ist, dass die Babys hier wie in der Natur in der Familienherde geboren werden. Dabei unterstützen die Tanten die werdende Mutter liebevoll. Wenn das neue Baby da ist, wird es von der ganzen Gruppe lautstark begrüßt.

„Ich arbeite gerne mit Hagenbecks Elefanten, weil sie so schlau sind und ihr Familienverbund sehr stark dem der Menschen ähnelt."

Thorsten Köhrmann,
Chef-Elefantenpfleger

Hands-on-Haltung

Bei Hagenbeck leben die Elefantenkühe im direkten Kontakt zu ihren Pflegern. Tiere und Menschen sind gemeinsam im Gehege und haben Körperkontakt. Das nennt man „hands on" oder „direct contact". Dafür ist es notwendig, dass die Elefanten ihren Pfleger als Mitglied ihrer Herde akzeptieren. Der direkte Kontakt zu den Tieren erleichtert den Pflegern die Arbeit, wenn sie zum Beispiel die Elefanten waschen oder ihnen die Zehennägel feilen. Weil ein Elefant aber sehr groß und stark ist, kann diese Arbeit für Pfleger auch gefährlich werden. Zu dem Elefantenbullen, der aggressiver als die Kühe sein kann, gibt es daher nur geschützten Kontakt. Die Pfleger berühren ihn bei der Körperpflege nur durch Gitterstäbe. Das nennt man dann „protected contact".

Lieblingsbeschäftigung Fressen

Ein Elefant frisst mehr als 100 Kilogramm pro Tag. Das ist etwa so viel, wie 100 Packungen Milch wiegen. Die Elefanten mögen Gras oder Heu, Blätter und Äste von Bäumen, Obst und Gemüse. Im Herbst bekommen die Dickhäuter zusätzlich Stangenmais und im Winter Rüben. Elefanten haben auch großen Durst. Eine ausgewachsene Elefantenkuh trinkt etwa 150 Liter Wasser am Tag. Das ist ungefähr eine Badewanne voll.

In der Natur suchen Elefanten bis zu 20 Stunden am Tag nach Nahrung. Deshalb angeln sie gern nach den Gaben der Besucher. Das Füttern beschäftigt die schlauen Tiere.

WELTMEISTERWISSEN

Unterscheidung der Elefantenarten

Wichtige Unterscheidungsmerkmale von Asiatischen und Afrikanischen Elefanten sind: Ohren, Rüssel, Stoßzähne, Füße.

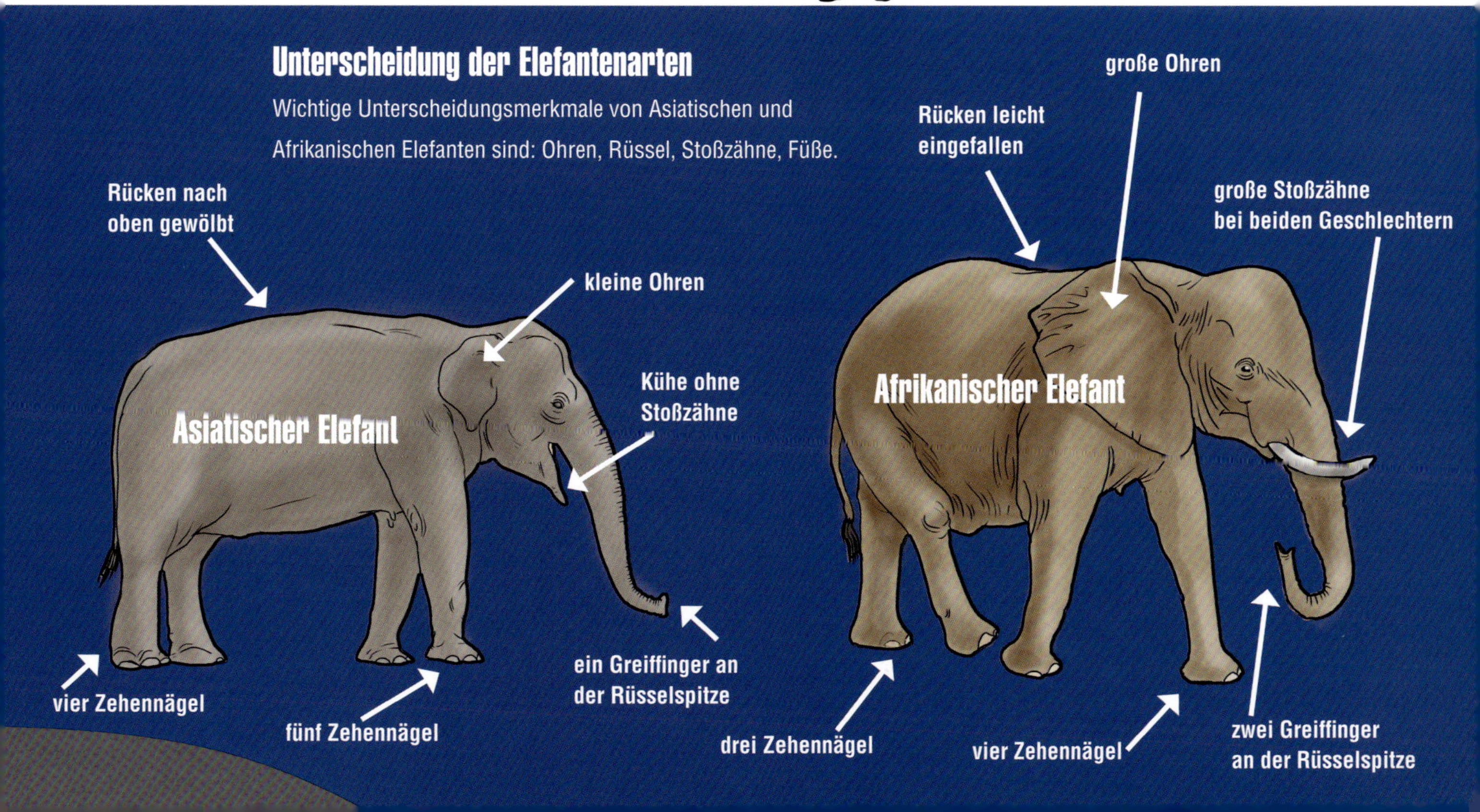

Rücken nach oben gewölbt

kleine Ohren

Asiatischer Elefant

Kühe ohne Stoßzähne

vier Zehennägel

fünf Zehennägel

ein Greiffinger an der Rüsselspitze

große Ohren

Rücken leicht eingefallen

große Stoßzähne bei beiden Geschlechtern

Afrikanischer Elefant

drei Zehennägel

vier Zehennägel

zwei Greiffinger an der Rüsselspitze

Auf Tauchgang

Im Tropen-Aquarium gibt es unterschiedliche Lebensräume für viele verschiedene Tierarten. Echsen, Vögel, Krokodile und Lemuren leben in der Tropenwelt. In der dunklen Höhlenwelt fühlen sich Fledermäuse, Höhlenfische ohne Augen und ganz seltene Molche wohl. Besonders spannend ist es in der Unterwasserwelt. Dort kannst Du viele Fische beobachten – so als ob Du Dich in einem U-Boot auf dem Meeresgrund befindest.

Verborgene Schätze

In der Schatzkammer befinden sich verschiedene kleine Aquarien. Dort wohnen sehr zarte Lebewesen wie winzige Garnelen, zierliche Seepferdchen und besonders kleine Fische. Damit die Besucher diese oft gut getarnten Wasserbewohner auch finden – und sie nicht von größeren Fischen gefressen werden – haben diese „Mini-Schätze" ihren eigenen Lebensraum. Hier lebt beispielsweise auch der Schluckspecht. Und das ist nicht etwa ein gieriger Vogel, sondern ein kleiner Skorpionfisch, der sein Maul ganz besonders schnell und weit aufreißen kann.

Schluckspecht

Clown-Anemonenfisch

Praktische Wohngemeinschaft

Bestimmt kennst Du den Disney-Film „Findet Nemo". Im Tropen-Aquarium kannst Du die Hauptdarsteller live beobachten. Clown-Anemonenfische wie Nemo leben hier in 🐾 **Symbiose** mit Seeanemonen. Das bedeutet, dass sowohl die Fische als auch die Anemonen Vorteile von der Wohngemeinschaft haben. Der Clownfisch findet in den giftigen Tentakeln der Anemone Schutz vor Feinden und die Anemone ernährt sich von Nemos Futterresten. Der Fisch selbst wird nicht von den 🐾 **Nesselzellen** gestochen, denn er ist mit einer schützenden Schleimschicht umgeben. Auch Paletten-Doktorfische wie Dorie schwimmen in diesem Becken umher.

Picasso-Drückerfisch

Langstachel-Igelfisch

Exotische Meeresbewohner

In der Tropen-Lagune findest Du Fische, die sich gern im flachen Wasser aufhalten. Besonders neugierig sind die Langstachel-Igelfische und die Picasso-Drückerfische, die oft an die Scheibe schwimmen und Dich von dort angucken. Igelfische können sich bei Gefahr genau wie Kugelfische aufblasen. Picasso-Drückerfische haben eine bunte und originelle Zeichnung, die an die Bilder des berühmten spanischen Malers Pablo Picasso erinnern.

Glibberige Schönheiten

Die meisten Menschen ekeln sich, wenn sie beim Baden im Meer auf Quallen treffen. Wie schön diese Tiere sind, kannst Du im Quallenkreisel beobachten. Dort leben Gepunktete Wurzelmundquallen. Als ob sie Ballett tanzen würden, schweben sie in der Strömung. Mit ihren

🐾 **Tentakeln**, die mit Nesselzellen bestückt sind, filtern sie

🐾 **Plankton** aus dem Wasser.

Auf dem Grund des Ozeans

Im Großen Hai-Atoll leben unterschiedliche Hai- und Rochenarten, ein Schwarm großer Goldmakrelen und noch viele andere Fische. Das riesige Becken ist mit 1,8 Millionen Litern Wasser – das sind 12.000 Badewannen voll – eines der größten Salzwasseraquarien Europas mit einer Beckentiefe von acht Metern. Du könntest also ein dreistöckiges Haus darin versenken. Die nach innen gebogene Acrylglas-Scheibe ist extra für das Tropen-Aquarium angefertigt worden. Die Maße sind gigantisch: 14 Meter lang, 6 Meter hoch, 22 Zentimeter dick und 26 Tonnen schwer. Die Panorama-Scheibe wurde in Japan in fünf Einzelteilen hergestellt und erst in Hamburg zusammengefügt.

Bunte Vielfalt

Das Rote Meer ist ein beliebtes Reiseziel von Hobbytauchern. Wenn Du wissen möchtest, was sie dort beim Tauchen alles sehen, dann schau Dir das Rote Meer-Panorama an: Giftige Feuerfische und Blaupunktrochen, Doktor- und Trompetenfische, die durch ihre ungewöhnliche Körperform auffallen – und ein junger Napoleon-Lippfisch, der ausgewachsen über 2 Meter lang wird.

Augen auf!

In einem Zoo oder Tierpark leben die Tiere normalerweise in ihren Gehegen. Aber bei Hagenbeck gibt es auch Tiere, die frei herumlaufen dürfen. Auf den großen Wiesenflächen kannst Du Maras, Muntjaks, Enten, Gänse, Pfaue und Hühner entdecken. Und auch im Tropen-Aquarium springen, laufen und fliegen viele Bewohner kreuz und quer umher.

Chinesischer Muntjak

Ungewöhnliche Hasen

Im gesamten Park hoppeln Große Maras, auch Pampashasen genannt, herum. Das sind aber keine Hasen, sondern Nagetiere, die mit den Meerschweinchen verwandt sind. Auch Hirsche – wenn auch nur sehr kleine – laufen frei über die Wege. Chinesische Muntjaks sind asiatische Zwerghirsche, die nur 40 Zentimeter groß werden. Mit etwas Glück kannst Du vielleicht sogar einen anlocken.

Große Maras

Gefiederte Freunde

Etliche Enten- und Gänsearten, Pfaue, Wildputen und viele Hühner laufen und fliegen ebenfalls frei durch den Park. Überall wird gegackert und gekräht, denn es sind viele verschiedene Rassen des Haushuhns unterwegs. Haushühner stammen alle vom wilden Bankivahuhn ab – und doch sehen sie ganz unterschiedlich aus: zum Beispiel das große Italienerhuhn oder das zarte Sebright Huhn. Neben ihrer Abstammung haben sie noch eine weitere Gemeinsamkeit: Es handelt sich um seltene Rassen, die teilweise vom Aussterben bedroht sind und die deshalb im Tierpark gezüchtet werden.

Blauer Pfa

Sebright Huhn

Riesige Nager

Wasserschweine, auch Capybaras genannt, sind die größten Nagetiere der Welt. Auch sie sind mit den Meerschweinchen verwandt. Der Name Capybara stammt aus einer Indianer-Sprache und bedeutet „Herr des Grases". Die Wasserschweinfamilie bewohnt zwar ein Gehege am Birma-Teich, doch die abenteuerlustigen Tiere lieben es, durch den gesamten Tierpark zu spazieren. Halte also Deine Augen auf, vielleicht siehst Du ja riesige „Meerschweinchen" über die Wege schlendern.

Aufgeweckte Halbaffen

Wenn Du das Tropen-Aquarium betrittst, kommst Du zuerst auf den Madagaskar-Dorfplatz. Dort lebt eine Familie von Kattas. Diese Halbaffen kommen nur auf Madagaskar vor und sind vom Aussterben bedroht. Darum werden sie im Tropen-Aquarium gezüchtet. Erschrecke Dich nicht, wenn ein Katta zu Dir kommt und sich vielleicht sogar auf Deine Schulter setzt. Kattas sind sehr freundlich und beißen oder kratzen nicht. Vorsicht ist eher angesagt, wenn Du über Dir die frechen Loris – das sind kleine Papageien – kreischen hörst. Die bunten Schreihälse sind gern im Tiefflug unterwegs und klecksen auch schon mal auf die Besucher herunter.

Fliegende Exoten

In der Tropenwelt kannst Du viele Tiere in ihren 🐾 Biotop-Anlagen sehen. Doch auch über Dir und neben Dir piepst und raschelt es im Gebüsch. Exotische Vögel wie der große Spitzhauben-Turako, der bunte Flammenkopf-Bartvogel, die kleinen Mausvögel und viele andere, fliegen frei herum. Auch Echsen wie die Grünen Wasseragamen oder kleine, flinke Geckos huschen über die Wege und an den Wänden entlang. Hoch oben – sehr gut versteckt – schlafen Flughunde. Du musst auf Deinem Weg durch das Tropen-Aquarium ganz aufmerksam sein. Wenn Du Dir Zeit lässt, kannst Du sehr viel entdecken – wie ein Forscher auf einer Expedition durch den Dschungel.

Rodriguez-Flughund

Flammenkopf-Bartvogel

Spitzhauben-Turako

Handaufzuchten

Normalerweise werden Tierbabys liebevoll von ihren Müttern aufgezogen. Bei Hagenbeck wird viel Wert darauf gelegt, dass auch im Tierpark möglichst alles genauso abläuft wie in der Natur. Dazu gehört auch, dass Jungtiere manchmal sterben. Trotzdem kommt es hin und wieder vor, dass ein Tierpfleger zum Mutterersatz wird.

Tag und Nacht

Als das kleine Känguru Josey aus dem Beutel seiner Mutter fiel, weigerte das Känguruweibchen sich, ihr Junges wieder aufzunehmen. Tierpfleger Thomas Feierabend wusste Rat und schnallte sich einen Stoffbeutel um. Als Joseys „Ersatzmama" trug er die Kleine den ganzen Tag mit sich herum und gab ihr alle zweieinhalb Stunden ein Fläschchen – auch nachts! Nach dem Trinken musste der Tierpfleger der Kleinen mit einem Lappen den Popo putzen – so wie die Mutter es mit der Zunge machen würde –, damit das Baby sein Geschäft machen konnte. Jeden Tag besuchte Josey die Gruppe, damit sie lernen konnte, was es heißt, ein Känguru zu sein. Mittlerweile ist sie ein vollwertiges Familienmitglied bei den Kängurus und schon selbst Mutter geworden.

Affenliebe

Nicht nur Tierpfleger ziehen fremde Babys auf, manchmal machen das auch Tiere. Orang-Utan-Dame Bella ist die „Vorzeige-Mami" im Tierpark Hagenbeck: Sie hat nicht nur sechs eigene Babys geboren und aufgezogen, sondern sogar zwei fremde Jungtiere adoptiert. Mittlerweile ist sie bereits Großmutter. Bella ist sehr gutmütig und alle kleinen Orang-Utans, auch die Kinder ihrer Mitbewohnerinnen, gehen gern zu ihr.

Kronenkranich

Nordafrikanischer Rothalsstrauß

Wärmebehandlung

Kronenkraniche leben in Afrika, dort wo es immer warm ist. Deshalb kommt es vor, dass die Vögel schon im Februar oder März Eier legen, obwohl es hier noch viel zu kalt ist, um Küken aufzuziehen. Diese Eier werden in einen Brutapparat gelegt. Nach etwa einem Monat schlüpfen die Küken. Die Tierpfleger setzen sie dann unter eine Wärmelampe und füttern sie mithilfe einer Pinzette mit Mehlwürmern, Heimchen und Pellets. Auch bei anderen Vögeln wie den seltenen Nordafrikanischen Rothalsstraußen werden die Eier in Brutapparate gelegt und die Küken mit Wärmelampen bebrütet.

Pinguin-Schule

Die Eltern der Humboldt-Pinguine kümmern sich liebevoll um ihren Nachwuchs. 70 Tage lang füttern sie ihre Küken und kuscheln mit ihnen in den Bruthöhlen. Dann sind die Küken so groß wie die Eltern und bekommen ihr wasserabweisendes Gefieder. Im Freiland verlassen die Alten ihre Jungtiere zu dieser Zeit und kehren ins Meer zurück. Vor lauter Hunger laufen die Kleinen aus den Höhlen heraus und müssen ganz allein lernen, Fische zu jagen. Bei Hagenbeck werden sie nicht allein gelassen, sondern kommen in die Pinguin-Schule. Dort bringen ihnen die Tierpfleger bei, wie man Fisch frisst: Zuerst werden sie aus der Hand gefüttert und später fressen sie die Fische dann vom Grund des Beckens.

WELTMEISTERWISSEN

Schlaue Frackträger

Pinguine fressen die Fische immer mit dem Kopf voran, damit deren Schuppen in Schluckrichtung anliegen und sich nicht in ihren Hälsen festhaken.

Flugstunde

Tierpfleger Volker Friedrich kümmert sich, neben vielen anderen Tieren, um die Schneeeulen. Manchmal zieht er auch wild lebende Eulenbabys auf, die aus dem Nest gefallen sind. Er füttert die Vogelkinder alle zwei bis drei Stunden mit kleinen Mäusen und Fleischstücken – solange bis die Eulen das Fliegen gelernt haben. Dann bringt er ihnen das selbstständige Jagen bei, indem er lebende Mäuse durch den Stall laufen lässt, in dem die Eule wohnt. Hat der Vogel das Jagen gelernt, macht der Tierpfleger die Tür auf und die Eule kann davon fliegen, wenn sie möchte.

VIEL ZU TUN

Welche **Jobs** gibt es im Tierpark?

Wohin kommt der ganze **Tiermist**?

Welche täglichen **Aufgaben** hat ein **Tierpfleger**?

Was **passiert** eigentlich **nachts** bei Hagenbeck?

Warum ist der **Einsatz** von **Technik** so wichtig?

Jobs bei Hagenbeck

Im Tierpark und Tropen-Aquarium arbeiten viele Menschen mit den unterschiedlichsten Berufen. Neben den Mitarbeitern, die sich direkt um die Tiere kümmern wie Tierarzt und Tierpfleger, gibt es noch andere Bereiche wie Buchhaltung, Gärtnerei, Technik, Pressestelle, Sekretariat oder die Futtermeisterei. Und wenn der Tierpark und das Tropen-Aquarium schließen, geht für manche Mitarbeiter die Arbeit erst los.

Cheftierpfleger

Um die Einsätze, Arbeitszeiten und Urlaubsvertretungen der Tierpfleger kümmert sich der Cheftierpfleger. Er ist für die Sicherheit der Tiergehege verantwortlich. Auch für die dreijährige Ausbildung der Tierpfleger ist er zuständig. Bei größeren Tiertransporten steht er den übrigen Tierpflegern beratend zur Seite. Außerdem hilft der Cheftierpfleger mit, wenn Tiere bei Hagenbeck ankommen oder in ein neues Gehege umgesetzt werden.

Leiter des Tropen-Aquariums

Zu den Hauptaufgaben des Chefs im Tropen-Aquarium gehört die Gestaltung des Tierbestandes. Er sucht aus, welche Tiere in welchen Bereichen leben sollen und welche nicht zusammenpassen. Auch für die Gestaltung der Gehege und der Besucherinformationen ist er verantwortlich. Da jedes Tier andere Bedürfnisse an seinen Lebensraum hat, muss er ein sehr gutes technisches Grundverständnis mitbringen, um den Bewohnern optimale Lebensbedingungen zu ermöglichen. Der Salzgehalt des Wassers, die Raum- und Wassertemperatur, die Lichtverhältnisse, der wechselnde Wasserstand oder der Sauerstoffgehalt sind nur einige Dinge, auf die er ganz genau achten muss.

Gärtner

Die Gärtner sind vor allem dafür zuständig, dass der Tierpark sauber ist und es überall schön grünt und blüht. Das 14 Mann starke Team hält sich die meiste Zeit an der frischen Luft auf. Im Winter kann das ganz schön kalt werden. Gärtner bauen Gehege um oder neu, sie mähen die Rasenflächen und pflanzen Blumen und Bäume. Auch das Fällen alter Bäume gehört zu ihren Aufgaben.

Handwerker

Handwerker aus den verschiedensten Bereichen sorgen im Tierpark und Tropen-Aquarium dafür, dass alles reibungslos abläuft. Wenn eine Wand oder Bank neu gestrichen werden muss, kommt der Maler zum Einsatz. Der Klempner eilt herbei, wenn die Toilette verstopft ist oder die Teiche im Tierpark gereinigt werden müssen. Alle Arbeiten mit Holz übernimmt der Zimmermann. Er repariert Dächer oder baut zum Beispiel kleine Häuschen für die Meerschweinchen. Um die Zäune, die Spanndrähte an den Rasenflächen oder allgemeine Schweißarbeiten kümmert sich der Schlosser. Und wenn der Strom ausfällt oder eine Lampe oder Lüftung kaputt geht, wird der Elektriker gerufen. Alle Handwerker sind sofort zur Stelle, wenn sie gebraucht werden.

Nachtwächter

Wenn der Tierpark schließt, kommt der Nachtwächter zum Einsatz. Seine Arbeitszeit beginnt gegen 19.30 Uhr und endet morgens um 7.30 Uhr. Er kontrolliert, ob alle Besucher gegangen sind, verschließt die Eingänge und überprüft, ob alle Ställe ordnungsgemäß verschlossen sind. Die ganze Nacht über passt er auf, dass keine Eindringlinge heimlich auf das Parkgelände kommen. Auf kranke Tiere gibt der Nachtwächter ebenfalls Acht, um im Notfall sofort den Tierarzt zu verständigen. Als treuen Begleiter hat er immer einen ausgebildeten Wachhund an seiner Seite. Wenn sein Dienst beendet ist, informiert der Nachtwächter einen Tierpfleger über das, was in der Nacht geschehen ist.

„Es macht mir viel Spaß als Tierarzt zu arbeiten, weil meine Patienten so unterschiedlich sind. Ich behandele große Bisons, kleine Eidechsen, freche Pinguine und ganz viele andere Tiere. Am liebsten bin ich bei den Elefanten, Tigern und Walrossen."

Dr. Michael Flügger, Tierarzt

Tierärzte

Ein Zootierarzt muss sich mit allen Tieren auskennen, von Fischen und Vögeln bis hin zu Kängurus und Elefanten. Bei Hagenbeck arbeiten zwei Tierärzte. Ihre Aufgabe ist es vor allem, Krankheiten vorzubeugen. Darum untersuchen sie regelmäßig Kotproben im Labor und behandeln die Tiere bei Bedarf gegen **Parasiten**. Auch kleinere Operationen, wie **Kaiserschnitte** oder **Kastrationen**, machen sie selbst. Die meisten neugeborenen Tiere bekommen von den Tierärzten einen kleinen Chip direkt unter die Haut geschoben. Mit einem speziellen Gerät kann nun in Sekundenschnelle die Herkunft und das Alter des Tieres abgelesen werden. Weil viele Tiere sehr schreckhaft oder gefährlich sind, müssen sie schlafen, bevor sie behandelt werden. Mit einem Blasrohr pusten die Tierärzte dann einen Pfeil mit dem passenden Medikament in einen Muskel des Tieres, bevor die eigentliche Behandlung losgehen kann.

Futtermeister

Der Tierpark ist in unterschiedliche Bereiche aufgeteilt, die einzelnen Reviere. Für jedes Revier packt der Futtermeister entsprechende Kisten mit genau den Lebensmitteln, die für die Tiere benötigt werden. Er weiß, was welchem Tier schmeckt und wie viel es frisst. Daher übernimmt er auch die Bestellung und Kontrolle aller Lebensmittel. Sein Arbeitstag beginnt um 4.30 Uhr. Als gelernter Fleischer hat der Futtermeister kein Problem, die anderthalb Rinder, die er jede Woche benötigt, zu zerkleinern. Das sind pro Woche rund 400 und pro Tag 60 Kilogramm Fleisch, also sechs Wassereimer voll. Aber die Raubtiere bekommen nicht jeden Tag Fleisch. Weil sie in der Natur auch nicht immer Nahrung finden, gibt es bei Hagenbeck die wöchentlichen Hungertage.

Tierpfleger im Einsatz

Zu den Hauptaufgaben eines Tierpflegers gehören die Pflege, das Füttern und die Beobachtung der Tiere. Außerdem nimmt die Reinigung der Stallungen und Außengehege einen Großteil seiner Arbeitszeit in Anspruch. Auch die Kontrolle der Gehege gehört zu den täglichen Pflichten, damit sich die Tiere nicht verletzen. Eher selten kommt es vor, dass Tierbabys von Hand aufgezogen werden oder Tiere für tierärztliche Untersuchungen gefangen werden müssen.

> „Seit über 35 Jahren arbeite ich im Tierpark und habe viele unterschiedliche Aufgaben erfüllt. Dass ich heute als Cheftierpfleger arbeite, macht mich sehr stolz."
>
> Walter Wolters, Cheftierpfleger

Futterverstecke

Damit die Tiere sich nicht langweilen, überlegen sich die Tierpfleger immer neue Beschäftigungsmöglichkeiten: Bei den Bären schmieren sie Honig oder Joghurt an die Bäume, sodass die Tiere sich recken und strecken müssen, um an die leckeren Süßigkeiten zu gelangen. Im Sommer gibt es für einige Bewohner auch Eisbomben. Dafür frieren die Tierpfleger das Futter in Eimern mit Wasser ein. Um an das schmackhafte Innere zu gelangen, müssen die Tiere beim Freischlecken oder Freikratzen viel Geduld haben. Sehr beliebt sind auch Beschäftigungsboxen, die mit Futter gefüllt werden. Hier benötigen zum Beispiel die Affen viel Geschick und Kreativität, um an die Inhalte zu gelangen.

In einigen Gehegen mit großen Wasserbecken und natürlich in den Aquarien ist es notwendig, auch unter Wasser zu arbeiten. Hier müssen die Tierpfleger tauchen, um zum Beispiel die Scheiben von innen zu reinigen. Voraussetzung dafür ist ein Tauchschein. Je nach Aufgabe und Becken dürfen die Tierpfleger allein tauchen oder müssen mindestens ein oder zwei Kollegen an ihrer Seite haben. Dies ist besonders im Großen Hai-Atoll wichtig. Ein Tierpfleger verrichtet die Arbeit, der zweite sichert ihn und der dritte überwacht den Tauchvorgang von der Wasseroberfläche aus.

Genau hingehört

Bei den Schaufütterungen erzählen die Tierpfleger täglich viel Interessantes über die Tiere. Während sie füttern, informieren sie die Besucher über Herkunft, Besonderheiten, Nahrungsgewohnheiten, Nachzuchtbemühungen und Eigenheiten der Tiere. Die genauen Fütterungszeiten kannst Du auf der Hagenbeck-Homepage oder auf dem Wege-Plan des Tierparks nachlesen.

Großer Einsatz

Das Leben und die Gesundheit der Tiere liegen den Tierpflegern sehr am Herzen. Um sie zu schützen, riskieren sie manchmal sogar ihre eigene Gesundheit. Nakuru, ein frisch geborenes Giraffenkind, nahm bei seinem ersten öffentlichen Auftritt im Freigehege ein unfreiwilliges Bad. Sofort sprangen mehrere Tierpfleger in das kalte Wasser, um die Giraffe zu retten. Dieser Notfall-Einsatz war enorm wichtig, weil Giraffen nicht schwimmen können.

Richtig ausgerüstet

Neben der normalen Dienstkleidung greifen alle Mitarbeiter bei Bedarf auf weitere nützliche Dinge zurück. Bei zahlreichen Arbeiten benötigen die Tierpfleger ihre persönliche Schutzausrüstung, die sogenannte PSA. Dazu gehören beispielsweise Sicherheitsschuhe mit Stahlkappen, Handschuhe, Gehörschutz, Gesichtsschutz, Staubmasken oder auch Schwimmwesten für den Einsatz am Wasser. Bei Kletterarbeiten werden alle Tierpfleger aus Sicherheitsgründen angeleint. Auch Sonnen- und Hautschutzcreme gehören zur PSA.

Futter für alle

Im Tierpark und Tropen-Aquarium leben mehr als 16.000 Tiere, die alle Hunger haben und satt werden wollen. Darunter sind Fleisch-fresser, Pflanzenfresser, aber auch Tiere, die beides fressen, und sogar Tiere, die nur ein bestimmtes Futter zu sich nehmen. Das Zube-reiten des Futters bedeutet für die Mitarbeiter jede Menge Arbeit.

In der Futterküche

Der Futtermeister muss neben Fleisch auch Obst, Gemüse und Fisch packen. Rund 40 Kilogramm Fisch werden täglich für die einzelnen Reviere vorbereitet. Allein diese Arbeit dauert fast eine ganze Stunde. Dazu kommt natürlich das Portionieren von Obst und Gemüse. Damit alle Lebensmittel frisch bleiben, gibt es in der Futterküche einen Gefrierraum und zwei Kühlräume.

WELTMEISTERWISSEN

Futtermengen

Rund eine Tonne Möhren, also **1.000** Kilogramm, werden in einer Woche benötigt. Ungefähr so viel wiegt ein Kleinwagen. Außerdem **600** Kilogramm Äpfel, **160** Kilogramm Bananen, **110** Kilogramm Gurken, **500** Salatköpfe, **600** Kohlrabi, rund eine Tonne Getreide, **400** Bund Heu, Stroh und 🐾 Luzerne. Am Tag werden **25** Kilogramm Kartoffeln und **30** Eier verfüttert.

Achtung Diebe!

Bei einigen Tieren scheint das Futter so lecker zu schmecken, dass sich regelmäßig fremde Tiere daran vergreifen. Freche Möwen beispielsweise lauern täglich bei der Seebärenfütterung im Eismeer am Beckenrand oder hoch oben auf den Felsen, um frischen Fisch zu stibitzen. Bei den Präriehunden klauen sich ab und zu Pfaue die knackigen Leckereien von den flinken Erdbewohnern. Aber auch die frei laufenden Muntjaks bedienen sich gern am Obst- und Gemüsevorrat anderer Bewohner, zum Beispiel bei den Meerschweinchen. Aber keine Sorge, die „Diebstähle" sind bei den Futterrationen einkalkuliert, sodass alle Tiere satt werden.

Engagierte Bauern

Futterpflanzen wie Mais, Brennnesseln oder Luzerne werden von Bauern aus der Nachbarschaft extra für Hagenbeck angebaut. Regelmäßig fahren die Gärtner zu diesen Bauern und ernten das Futter vor Ort. Anschließend bringen sie es in den Tierpark und verteilen es in den entsprechenden Revieren. Im Winter liefert ein Bauer etwa alle zehn Tage einen großen Anhänger voll Futterrüben in den Tierpark.

Gras vom Flughafen

Auf den landschaftlichen Flächen am Flughafen Hamburg wächst viel Gras. Dieses Gras kann Hagenbeck sehr gut gebrauchen. Das brachte die Chefs auf eine tolle Idee: Immer wenn das Gras gemäht wird, holen es die Gärtner aus dem Tierpark noch am selben Tag ab. Dieses Gras bekommen dann Ponys, Ziegen, Bisons und Wapitis. Den größten Anteil allerdings erhalten die Elefanten. Mit 150 Kilogramm Grünfutter pro Tier und Tag verdrücken sie auch das meiste. Damit die Elefanten das Gras besser verdauen und mit ihrem Rüssel greifen können, lässt der Flughafen Hamburg das Gras extra lang wachsen, bevor es gemäht wird.

„Als gelernter Fleischer fällt mir der Umgang mit Lebensmitteln leicht. Für das Futter so vieler Tiere die Verantwortung zu haben, ist eine große, aber schöne Aufgabe, die mir sehr viel Spaß macht."

Ansgar Koch, Futtermeister

So ein Mist

Hat Dein Opa auch schon einmal seine Erdbeeren mit Mist gedüngt? Damit wachsen die Pflanzen besser. Deshalb holt ein Bauer alle zwei Monate den kompletten Tiermist aus dem Tierpark Hagenbeck ab. Das sind etwa 34 große Anhänger voll. Mit diesem Kot, hauptsächlich dem von Elefanten, Bisons, Wapitis und Onagern, düngt er dann seine Pflanzen.

Technik mit System

Filtersysteme, Klimaanlagen, verschiedene Leuchtmittel, Videokameras oder Fernsteuerungen – technische Hilfsmittel dürfen in keinem Tierpark fehlen. Sie erleichtern die Betreuung der Tiere enorm. Hagenbeck legt großen Wert auf eine energiesparende Technik, um das Klima und die Umwelt zu schonen. Auch die Fahrer und Handwerker sind mit Elektrofahrzeugen unterwegs.

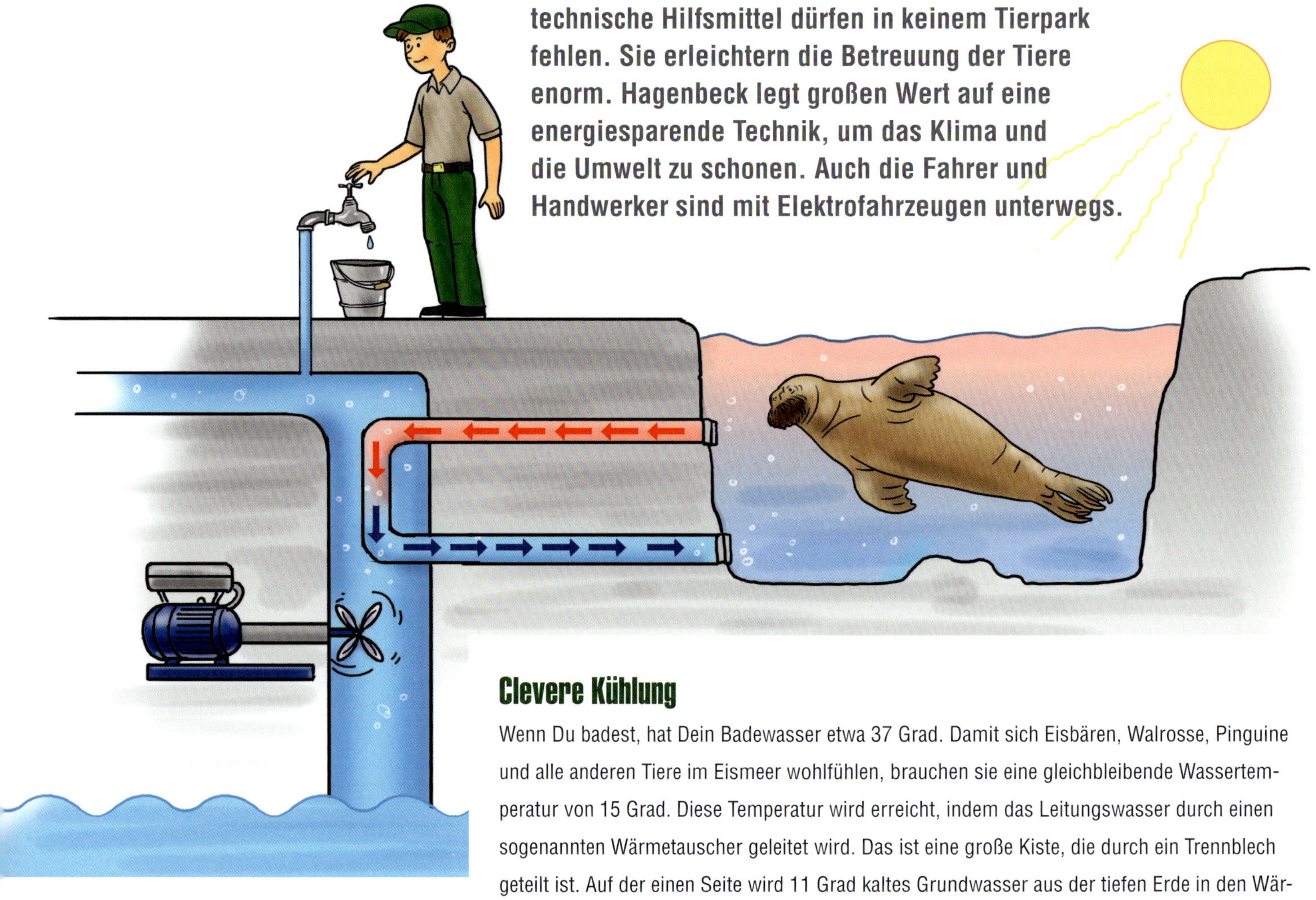

Clevere Kühlung

Wenn Du badest, hat Dein Badewasser etwa 37 Grad. Damit sich Eisbären, Walrosse, Pinguine und alle anderen Tiere im Eismeer wohlfühlen, brauchen sie eine gleichbleibende Wassertemperatur von 15 Grad. Diese Temperatur wird erreicht, indem das Leitungswasser durch einen sogenannten Wärmetauscher geleitet wird. Das ist eine große Kiste, die durch ein Trennblech geteilt ist. Auf der einen Seite wird 11 Grad kaltes Grundwasser aus der tiefen Erde in den Wärmetauscher gepumpt. Auf der anderen Seite fließt das wärmere Eismeerwasser. Dadurch, dass beide Wasserkreisläufe dicht am Trennblech vorbei fließen, kühlt das Grundwasser das wärmere Eismeerwasser ab.

Sonnenkraft

Sonnenstrahlen wärmen nicht nur Deine Haut, sie können auch in Strom umgewandelt werden. Dazu werden 🐾 Solarzellen benötigt, die Du auch auf Deinem Taschenrechner findest. Wenn Sonnenstrahlen auf Solarzellen treffen, wandeln diese die Energie der Sonne in Strom um oder speichern die Wärme. Auf Dachflächen am Wirtschaftshof ist eine 1.025 Quadratmeter große Solarzellen-Fläche angebracht. Es ist die bislang größte Anlage im Hamburger Stadtgebiet und in etwa so groß wie vier Tennisplätze. Der erzeugte Strom und die entstandene Wärme werden für das Eismeer genutzt. Und wenn die Sonne einmal nicht scheint, ist das auch kein Problem, da die Sonnenenergie gespeichert werden kann.

Sicherheit geht vor

Für die Haltung von gefährlichen Tieren, wie Tigern, Löwen oder Bären, gelten ganz besondere Richtlinien. Zwischen dem Tierpfleger und dem Tier muss immer ein Sicherheitsabstand eingehalten werden. Will der Tierpfleger zum Beispiel die Außenanlage reinigen, muss das Tier im Innengehege sein. Dafür lockt der Pfleger das Tier mit Futter nach innen und stellt sicher, dass mindestens zwei Schieber, also Türen, durch die das Tier hindurch kann, verriegelt sind. Diesen Zwischenraum nennt man auch Schleuse. So kann es auch nicht passieren, dass das Raubtier den Tierpfleger mit einem Prankenhieb durch das Gitter verletzt.

Trinkwasser sparen

Nicht jedes Wasser kann man trinken, aber man kann es für andere Dinge nutzen: für die Reinigung, die Toilettenspülung oder zum Gießen von Blumen. Solches Wasser nennt man Brauchwasser. Seit der Einführung des Brauchwasser-Systems im Jahr 1996 verbraucht der Tierpark siebenmal weniger kostbares Trinkwasser als zuvor. Daher bekam Hagenbeck im Jahr 2001 als erster deutscher Tierpark das internationale Umweltsiegel verliehen und 2009 sogar einen internationalen Umweltpreis.

Wasser marsch!

Damit der Rasen immer frisch und grün aussieht, haben die Gärtner ein automatisches Bewässerungssystem entwickelt. Durch Leitungen unter der Erde fließt das Wasser zu drei Düsen, sogenannten Regnern, die das Wasser optimal im gesamten Gehege verteilen. Mit einer computergesteuerten Uhr bestimmen die Gärtner, wann und wie lange es regnen soll. Sie müssen also nicht selbst vor Ort sein, um zu gießen. Diese zeitsparende Technik wird an vielen Stellen im Tierpark eingesetzt, beispielsweise im Elefantengehege, bei den Meerschweinchen und Alpakas oder in den Blumenbeeten am Eingangsbereich.

Pfiffige Folienkonstruktion

Wenn Du im Tropen-Aquarium zur Decke schaust, siehst Du eine ungewöhnliche Dachkonstruktion. Hagenbeck hat sich hier für ein spezielles, 1.200 Quadratmeter großes Foliendach entschieden. Das ist etwa so groß wie 300 Tischtennisplatten. Das Besondere an der Folie ist, dass sie im Gegensatz zu Glas auch 🐾 **UV-Licht** durchlässt, das gerade für Tiere und Pflanzen sehr wichtig ist. Durch diese Folienkonstruktion muss weniger künstliches UV-Licht eingesetzt werden, wodurch gleichzeitig Strom gespart und die Umwelt geschont wird.

WELTMEISTERWISSEN
Unterwasserwelt in Zahlen

Im Tropen-Aquarium gibt es

- **19** Salzwasser-Becken mit einem Fassungsvermögen von **100** bis **1,8** Millionen Litern
- **11** Süßwasser-Becken mit einem Fassungsvermögen von **60** bis **400.000** Litern
- insgesamt **440.000** Liter Süßwasser und **2 Millionen** Liter Salzwasser
- **8** Eiweißabschäumer
- **6** Kalkreaktoren
- **22** UV-Röhren
- **40** Mess-Sonden

Fleißige Putzhilfe

Damit Du die Fische in den vielen Süß- und Salzwasseraquarien auch gut sehen kannst, müssen die Scheiben sauber sein. Bei einigen Anlagen werden die Scheiben von Hand geputzt, anderswo benötigen die Tierpfleger Hilfe. Im Großen Hai-Atoll wird ein ferngesteuerter Putzroboter eingesetzt, der die Scheibe des Beckens von innen reinigt. Mithilfe eines Propellers saugt sich der Roboter an der Scheibe fest. Er bewegt sich mit gummiartigen Ketten am Glas entlang und putzt mit zwei Bürsten die Scheibe. Gesteuert wird der Putzroboter von einem Tierpfleger außerhalb des Beckens. Es vergehen etwa eineinhalb Stunden bis die komplette, 6 Meter hohe und 14 Meter lange Scheibe gereinigt ist. Die Fläche ist etwa so groß wie eine 3-Zimmer-Wohnung.

Kalk für die Korallen

Um Salzwasser-Aquarien mit ausreichend 🐾 **Mineralstoffen** wie Kalzium zu versorgen, werden Kalkreaktoren eingesetzt. Diese Geräte lösen Kalk aus 🐾 **Kalkskeletten** toter Steinkorallen im Wasser auf. Das Wasser mit den freigesetzten Mineralstoffen wird mit dem Wasser aus dem Aquarium vermischt. So können die Korallen Kalzium und andere Mineralstoffe aus dem Wasser wieder aufnehmen und für den Aufbau ihrer Kalkskelette verwerten.

Reinigender Schaum

Futterreste, Kot oder abgestorbene Teilchen verschmutzen das Wasser im Aquarium. Neben Filtern setzt Hagenbeck auch sogenannte Eiweißabschäumer ein. Diese zylinderförmigen Geräte sind rund um die Uhr im Einsatz und sorgen dafür, dass der Schmutz aus dem Wasser entfernt wird. Dafür steigen viele kleine Luftblasen nach oben auf und nehmen auf ihrem Weg an die Wasseroberfläche verschiedene Eiweiße und Schmutzpartikel mit. Oben angekommen entsteht ein Schaum, der regelmäßig entsorgt wird. Das Gerät kopiert einen Vorgang aus der Natur, den Du vielleicht von Deinem Urlaub am Meer kennst: Wenn das Meer schäumt, reinigt es sich selbst.

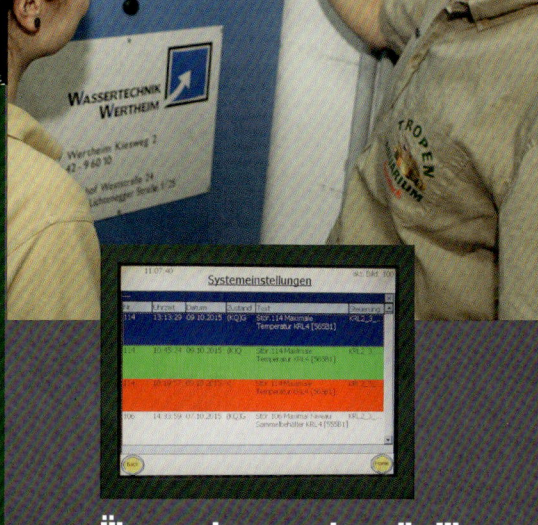

Überwachung rund um die Uhr

Die gesamte Wassertechnik im Tropen-Aquarium wird elektronisch überwacht. Auf einer Anzeige mit zahlreichen Lampen können die Mitarbeiter ablesen, ob es Störungen gibt. Auch von zu Hause aus kann diese Technik überwacht und sogar gesteuert werden. Das geht mithilfe des Internets und ist gerade dann enorm wichtig, wenn die verantwortlichen Mitarbeiter nicht vor Ort sind, wie etwa nachts. So kann zum Beispiel die Wassertemperatur von zu Hause aus geregelt oder eine Pumpe an- oder ausgestellt werden.

Aus kalt wird warm

Maschinen, die das Wasser der Aquarien kühlen, erzeugen gleichzeitig auch Wärme, die sogenannte Abwärme. Diese Wärme wird genutzt, um das gesamte Tropen-Aquarium und sogar das benachbarte Elefantenhaus für etwa ein halbes Jahr zu heizen. Dieser umweltschonende Vorgang wird Wärmerückgewinnung genannt.

Freiwillige Helfer

Viele Menschen haben ein großes Herz für Hagenbeck und engagieren sich freiwillig für den Park ohne Geld dafür zu bekommen. Rund 89 ehrenamtlich tätige Mitglieder im Verein der Freunde des Tierparks Hagenbeck e.V. kümmern sich darum, den Tierpark und das Tropen-Aquarium zu erhalten und zu fördern. Dafür sammeln die Freunde von Hagenbeck seit fast 20 Jahren Spenden. Das Geld wird für Reparaturen an Tierhäusern und Gehegen oder für Um- und Neubauten genutzt.

Jeder kann helfen

Um sich ehrenamtlich bei Hagenbeck zu engagieren, sind zwei Dinge wichtig: die Mitgliedschaft im Förderverein und ein Mindestalter von 18 Jahren. Nach einem Probearbeiten werden die Helfer je nach Bedarf und Wunsch eingesetzt. Es gibt verschiedene Stationen an denen immer Unterstützung benötigt wird. Auch als Kind kannst Du Mitglied im Förderverein werden und kostenlos an Vorträgen oder Führungen teilnehmen. Sie werden mehrmals im Jahr angeboten. Außerdem gibt es einmal jährlich einen mehrtägigen Vereinsausflug in andere Tierparks oder Zoos.

Tierpatenschaften

Der Förderverein kümmert sich auch um Tierpatenschaften. Dafür werden allerdings keine ehrenamtlichen Helfer eingesetzt. Eine fest angestellte Mitarbeiterin bearbeitet die Anfragen. Wenn zum Beispiel Walrosse Deine Lieblingstiere sind, kannst Du für einen bestimmten Betrag eine Patenschaft für ein Jahr übernehmen. Damit unterstützt Du die Arbeit des Vereins und hilfst dabei, den Tierpark und das Tropen-Aquarium zu erhalten.

Auf vier Rädern durch den Tierpark

Am Bollerwagen-Verleih sorgen die fleißigen Helfer täglich dafür, dass die jüngsten Besucher bequem durch den Tierpark kutschiert werden können. Außerdem halten die Mitglieder die Bollerwagen sauber und sammeln das Geld aus dem Verleih der Wagen ein. Gerade in den Sommermonaten sind die Wagen schnell vergriffen. Daher bringen viele Besucher ihren eigenen Bollerwagen für den Tierpark-Besuch mit.

Gemüsetüte

Damit die Besucher des Tierparks einige Tiere füttern können, werden viele fleißige Helfer am Gemüse-stand benötigt. Hier schneiden sie Gemüse und Obst in tiergerechte Stücke. Die gepackten Tüten erhältst Du für eine kleine Spende. Eigenes Futter darfst Du nicht mit in den Tierpark nehmen. In der Vergangenheit kam es vor, dass die Besucher Nudeln und Brot in großen Mengen verfüttert haben. Auch Süßigkeiten waren dabei. Diese Sachen machen die Tiere sehr krank. Hagenbeck entschied daher, mitgebrachtes Futter zu verbieten.

Giraffen ganz nah

Am Wochenende und bei schönem Wetter können die Besucher im Tierpark die Rothschild-Giraffen füttern. Das geht aber nur von einer 3 Meter hohen Plattform aus. Damit die Besucher nicht zu viel Futter ausgeben, teilen zwei Mitglieder die vom Tierpfleger ausgewählten Futtermengen aus. Außerdem passen sie auf, dass es kein Gedränge auf der Plattform gibt. Gern beantworten sie auch die Fragen der Besucher.

Katta-Wache

Bei den Kattas wird nur an Wochenenden und Feiertagen die Hilfe der ehrenamtlich tätigen Vereinsmitglieder benötigt. In der Woche übernimmt ein Tierpfleger die Aufgaben. Hier passen die Helfer auf, dass die frei laufen-den Halbaffen nicht gestreichelt oder gefüttert werden. Und beim Fotografieren muss der Blitz ausgeschaltet werden, denn er erschreckt und blendet die Tiere. Auch darauf achten die Mitglieder.

ERFOLGS-GESCHICHTE

Wer war **Carl Hagenbeck?**

Wann wurde der Tierpark **eröffnet?**

Wie rettete ein **Löwe** dem **Tierparkgründer das Leben?**

Welche **geniale Idee** hatte **Carl Hagenbeck** ?

Wie alles begann

Der Tierpark Hagenbeck hat eine lange Tradition.
Angefangen hat alles mit sechs Seehunden und
einem Jungen, der Tiere liebte und von einem
eigenen Zoo träumte.

Ungewöhnliche Haustiere

Der Tierparkgründer Carl Hagenbeck wurde am 14. Juni 1844 als Sohn eines
Geschäftsmannes in Hamburg geboren. Sein Vater Gottfried Claes Carl Hagenbeck betrieb einen weithin bekannten und gut gehenden Fischgroßhandel und
eine Fischräucherei. Er bekam täglich den frischen Fang von Seeleuten angelie-
fert, die für ihn arbeiteten. Auch alle anderen Tiere, die ihnen ins Netz gingen,
lieferten sie ab. Als der kleine Carl gerade vier Jahre alt war, überreichten die
Fischer dem Vater sechs Seehunde. Er brachte die putzigen Tiere in großen
Holzbottichen unter, die mit Wasser gefüllt wurden.

Begeisterte Besucher

Viele Hamburger und auch Touristen wollten unbedingt
die quicklebendigen Seehunde sehen, die damals eine
Besonderheit waren. Der geschäftstüchtige Vater von Carl
Hagenbeck hatte eine Idee: Wenn ein Volksfest oder ein
Jahrmarkt auf dem Spielbudenplatz in Hamburg stattfand,
stellte er die Tiere aus und ließ die Besucher Eintritt
zahlen, um sie zu sehen. Bestimmt hat der kleine Carl die
Robben mit Fisch gefüttert und sie besser kennengelernt
als jeder andere. Und vielleicht war gerade dies der
Anfang seiner Leidenschaft für Tiere.

Aus klein wird groß

Als Carl Hagenbeck 19 Jahre alt war, erweiterte sein Vater das bisher kleine Tierhandelsgeschäft. Er kaufte den Seefahrern Tiere ab und verkaufte sie an Zoos, Wanderzirkusse oder 🐾 **Gaukler**. Im Jahr 1866 übernahm der 22-jährige Carl das Geschäft von seinem Vater und baute es in wenigen Jahren zum größten Tierhandelshaus der Welt aus. Bei Seefahrern aus aller Welt bestellte er immer größere und exotischere Tiere. Schnell wurden die bisher genutzten Räume zu eng. Carl zog um und eröffnete „Carl Hagenbeck´s Thierpark", damals noch in der Hamburger Innenstadt.

Zirkusreif

Carl Hagenbeck hatte viel Freude an der Arbeit mit seinen Tieren und brachte ihnen kleine Kunststücke bei. Damals war es üblich, Tiere zu schlagen, wenn sie sich falsch verhielten. Doch Carl stellte fest, dass die Tiere viel mehr Spaß am Lernen hatten, wenn sie belohnt wurden, und erfand die sogenannte „zahme Dressur". Nachdem er die von ihm trainierten Tiere zunächst an andere Zirkusse verkaufte, eröffnete er 1887 seinen eigenen Zirkus: Der „Circus Carl Hagenbeck". Auch wegen der sensationellen Tierdressuren entwickelte sich der Zirkus zu einer weltweit bekannten Attraktion.

Die zündende Idee

Da weite Reisen früher noch sehr teuer und aufwendig waren, kamen viele Menschen in Carl Hagenbecks Tierhandel, um die exotischen Tiere zu bestaunen. Doch der Anblick war eher traurig: Um die Sicherheit der Menschen zu gewährleisten, lebten die meisten Tiere in Käfigen. Carl wollte die Tiere anders zeigen. Sein Traum war ein Nachbau der Landschaft, in der Löwen, Tiger oder Elefanten normalerweise leben – ohne störende Gitter. Im Alter von 52 Jahren entwickelte er das erste gitterlose Freigehege der Welt. Seine Idee: unüberwindbare Gräben.

Freundschaften fürs Leben

Schon als kleines Kind hat Carl Hagenbeck seine Liebe zu den Tieren entdeckt. Eine ganz besondere Freundschaft verband ihn mit einem Löwen. Er interessierte sich aber nicht nur für die 🐾Fauna ferner Länder, auch die menschlichen Einwohner anderer Kontinente faszinierten ihn.

Tierliebe

Schon seit frühester Kindheit hatte Carl Hagenbeck immer Kontakt zu unterschiedlichsten Tieren und eine sehr enge Beziehung zu ihnen. Er wollte sie weder durch Bestrafung zu irgendwelchen Kunststücken treiben noch sie hinter Gittern sehen. Hingebungsvoll kümmerte er sich um seine Tiere und wollte nur Gutes für sie. Carl Hagenbeck war nicht nur ein schlauer Geschäftsmann, sondern auch ein großer Tierfreund.

Ein ganz besonderer Löwe

Carl Hagenbeck hatte zu vielen seiner Tiere ein ganz besonderes Verhältnis. Auf seinen täglichen Rundgängen kamen sie ans Gitter, ließen sich von ihm das Fell kraulen und Leckerbissen zustecken. Seinen Lieblingslöwen Triest besuchte er regelmäßig in der gitterlosen Raubtierschlucht. Er war zahm und anhänglich wie ein Hund. Eines Tages stolperte Carl im Löwengehege und einige Tiere stürzten sich auf ihn. Aber Triest warf sich dazwischen und rettete ihm so das Leben. In Erinnerung an diese Geschichte ließen Carls Söhne Heinrich und Lorenz im Jahr 1926 ein Denkmal aufstellen, das Du heute noch im Tierpark sehen kannst.

Faszination der Fremde

Zur Zeit von Carl Hagenbeck waren die Menschen sehr neugierig auf Unbekanntes. Es gab kein Fernsehen, kein Radio und schon gar kein Internet. So genannte „Völkerschauen" zogen die Massen an. Hier konnte jeder einen Blick auf andere Kulturen und ihre Lebensweisen werfen. Menschen aus fernen Ländern tanzten, führten Schaukämpfe vor und gingen ihrem Handwerk nach. Heute finden viele Menschen diese Art von Shows sehr befremdlich, doch damals waren sie eine Sensation. Wer bei einer der Völkerschauen mitwirkte, tat das freiwillig. Es gab Verträge über die Zahl der Auftritte und den Lohn. Später wurden sehr aufwendige Kulissen, Dörfer und Wahrzeichen im Tierpark erbaut, in denen die Shows stattfanden. Reste davon sind bis heute zum Beispiel an der Birma-Terrasse erhalten.

Indianer und Cowboys

Darsteller der erfolgreichsten Völkerschau waren die Sioux-Indianer. Sie hatten Verstärkung von Cowboys und zeigten mehrmals täglich eine Vorstellung mit ganz viel Action – so ähnlich wie heute bei den Karl-May-Spielen. Schon damals gab es die Bücher über Winnetou und Lederstrumpf, Die Menschen nutzten nur zu gern die Gelegenheit, echte Indianer und Cowboys zu sehen. Zu einigen Darstellern pflegte Carl Hagenbeck langjährige Freundschaften. Der Afrikaner Hersi Egeh Gorseh arbeitete mehr als 30 Jahre lang mit Hagenbeck zusammen. Er lernte Deutsch und sein Sohn ging zeitweise in Hamburg zur Schule.

Ein Tierpark entsteht

Carl Hagenbeck hat sich ganz genau mit seinen Schützlingen beschäftigt, seine Tiere studiert und ausgiebig beobachtet. Seine Erkenntnisse prägten die Tierhaltung in den Zoos weltweit. Mit der Eröffnung des Tierparks erfüllte sich der Tierfreund einen Traum, doch im Vorfeld musste an vieles gedacht werden.

Panoramen für Tiere

Carl Hagenbeck wollte seinen „Zoo der Zukunft" ohne störende Gitter bauen. Doch wie sollte das gehen? Durch seine Arbeit mit den Tieren hatte er herausgefunden, wie weit unterschiedliche Tierarten springen können. Breite Gräben mit oder ohne Wasser sollten Besucher und Tiere voneinander trennen. Die Frage war nur, ob es funktionieren würde. Carl Hagenbeck meldete 1896 seine Erfindung der ersten gitterlosen Freianlage der Welt zum 🐾 Patent an. Wenig später trat er den Beweis dafür an, dass die Idee funktionierte. Er baute ein transportables Gehege ohne Gitter, mit dem er auf Reisen ging. Das „Eismeer-Panorama" mit Seehunden, Eisbären und Seevögeln sorgte weltweit für Begeisterung.

WELTMEISTERWISSEN

Unüberwindbare Gräben

Dank seiner langen Dressurarbeit wusste Hagenbeck sehr genau, welches Sprungvermögen die einzelnen Raubtierarten hatten und wie breit und tief die Schutzgräben daher sein mussten. Die Löwenschlucht war die erste gitterlose Raubtier-Freisichtanlage der Welt. Die Zementkante jenseits des 7 Meter breiten Wassergrabens ist eine zusätzliche Sicherung gegen Weitspringer, da sie den Löwen einen ungünstigen Absprung bietet. Carl Hagenbeck hat sehr genau gearbeitet. Bis heute ist es keinem Löwen gelungen, den Graben vor der Löwenschlucht zu überspringen.

Baubeginn

1897 hatte Carl Hagenbeck drei geeignete Grundstücke weit vor den Toren Hamburgs gefunden und konnte mit dem Bau des Tierparks beginnen. Zuerst wurde eine bestehende Villa zum Wohnen und für das Büro umgebaut. Das Haus steht noch immer dort und wird von der Familie Hagenbeck bewohnt. Dann wurden die Stallungen und die Dressurhalle für die Tiere errichtet. Danach waren die unterschiedlichen Gehege für die Tiere an der Reihe.

Täuschend echt

Eine besondere Herausforderung war der Felsenbau. Auf einer ebenen Fläche sollten bergige Landschaften entstehen, die absolut echt aussahen und so stabil gebaut waren, dass sie den Tieren als Lebensraum dienen konnten. Der Schweizer Felsenbauer Urs Eggenschwyler hat mit seinen Männern mehrere Jahre dafür gebraucht. Bis heute steckt viel Handarbeit in den Felsen. Wenn Du so etwas bauen wolltest, müsstest Du ein Untergestell aus Holz entwerfen, ihm mit feinem Drahtgeflecht Halt geben, Gänge und Ställe planen und dann gibst Du allem mit einer Schicht nassem Sand – für die echten Bauten wird Zement verwendet – seine endgültige Form.

Das historische Afrika-Panorama ist noch genauso, wie Carl Hagenbeck es erdacht und gebaut hat. Die Löwen im Tierpark Hagenbeck sind die einzigen Raubtiere in Deutschland, die in einem geschützten Altbau leben.

Die Spannung steigt

Bereits 1898 hatte Carl Hagenbeck Zeichnungen von seiner Vision des zoologischen Paradises in Zeitungen veröffentlichen lassen. Während der Bauphase gab er den Journalisten immer wieder Gelegenheit, über die Fortschritte zu berichten. Schon einige Jahre vor der Eröffnung konnten während des Sommers Besucher in den Tierpark kommen. Im Jahr 1906 wurden bereits bis zu 6.000 Besucher an schönen Sommertagen gezählt. Die Spannung in der Bevölkerung wurde immer größer ...

Gelungene Eröffnung

Am 7. Mai 1907 war es dann endlich soweit: „Carl Hagenbeck's Tierpark" wurde eröffnet. Während der langen Wartezeit hatten Fachleute in aller Welt über die neuen Ideen und den Baufortschritt des Tierparks gelesen. Vermutlich gab es einige unter ihnen, die nicht glaubten, dass offene Landschaftsgehege möglich seien. Als sie zur feierlichen Eröffnung kamen, mussten sie erkennen, dass Carl Hagenbecks Ideen kühn und umwerfend waren. So etwas hatte es bisher in keinem zoologischen Garten der Welt gegeben. Heute gibt es Gehege nach dem Hagenbeck'schen Prinzip in vielen Zoos auf der ganzen Welt.

Hagenbeck heute

Seit der Tierpark im Jahr 1907 eröffnet wurde, hat sich einiges verändert. Inzwischen wissen wir viel mehr über das Leben von Tieren im Freiland. Damit es den Tieren auch im Zoo richtig gut geht, sind die Gehege heutzutage genau auf ihre Bedürfnisse zugeschnitten. Und noch immer werden alle Gehege nach dem Prinzip von Carl Hagenbeck gebaut: Gitterstäbe findest Du hier kaum.

Veränderungen

Im Laufe der Zeit wurde das Grundstück erweitert und immer wieder umgebaut. Heute ist es 19 Hektar groß – das sind mehr als 26 Fußballfelder nebeneinander. Früher führte eine Straße mitten durch das Gelände. Die wurde aber vor ungefähr 70 Jahren stillgelegt. Im Krieg wurden viele Bauten von Bomben zerstört. Das historische Eingangstor ist noch das gleiche wie 1907. Allerdings wird es nicht mehr als Eingang benutzt. Dafür wurde ein neuer moderner Bereich gebaut.

Regen? Egal!

Mal ehrlich: Gehst Du gern in den Zoo, wenn es regnet? Nein? Das geht anderen Leuten auch so. Deshalb hat sich Hagenbeck zum 100. Geburtstag selbst ein Geschenk gemacht: das Tropen-Aquarium. Direkt am Haupteingang entstand ein neues Gebäude, in dem Besucher eine Expedition rund um den Äquator machen können. Dort ist das ganze Jahr lang Sommer und es gibt Tiere zu sehen, die in der Luft, auf dem Boden, im Wasser und tief im Meer der warmen Regionen zu Hause sind. Natürlich wurde auch hier das Hagenbeck'sche Prinzip angewendet. Alle Tiere leben in naturnah gestalteten Gehegen.

Familienunternehmen

Der Tierpark Hagenbeck ist der einzige Großstadtzoo in Deutschland, der von einer Familie geführt wird. Carl Hagenbecks Söhne Heinrich und Lorenz führten das Unternehmen nach dem Tod ihres Vaters weiter. Die Enkel Carl Heinrich und Carl Lorenz übernahmen den Tierpark als nächste Generation. Wiederum deren Söhne – die Urenkel vom Tierparkgründer – Dr. Carl Claus und Dietrich Thomas waren die nächsten Inhaber. Auch die heutigen Tierparkchefs gehören zur Familie. Sie sind bereits die sechste Generation der Hagenbecks. Wenn Carl Hagenbeck wüsste, dass seine Nachkommen seine Ideen immer weiterleben lassen, wäre er bestimmt sehr stolz.

Lebe deine Träume!

Carl Hagenbeck hatte einen Traum, an dessen Verwirklichung er viele Jahrzehnte arbeitete. Trotz aller Widerstände hat er sein Ziel immer verfolgt und war am Ende so erfolgreich, dass sein Name noch heute weltweit bekannt ist. Wenn auch Du einen Traum hast, mach es wie er: Lass Dir Zeit, nutze jede Gelegenheit und steuere unbeirrt auf Dein Ziel zu.

ARTENSCHUTZ WELTWEIT

Wofür werden **Zuchtbücher** benutzt?

Was sind **Onager**?

Welche vom **Aussterben bedrohten** Tierarten leben bei Hagenbeck?

Wie kannst Du selbst **die Natur schützen**?

Sibirischer Tiger

Stark bedroht!

In der Natur sind viele Tierarten von der Ausrottung bedroht. Um sie zu retten, haben die Zoos verschiedene Zuchtprogramme ins Leben gerufen. In Europa gibt es die Europäischen Erhaltungszuchtprogramme (EEP), für die Zuchtbücher geführt werden. Der Sinn dieser Programme ist es, die Tierarten auch ohne Entnahme von Wildfängen dauerhaft in Zoos zu erhalten.

Strenge Kontrolle

Für viele seltene Tierarten wird ein Zuchtbuch geführt. Wer sich um welches Buch und damit um die Zucht welcher Tierart kümmert, ist unter den verschiedenen Zoos aufgeteilt. Hagenbeck führt die EEPs für Nordchinesische Leoparden und für Onager. In dem Buch stehen alle Geburten, Todesfälle und Transporte. Der Zuchtkoordinator – das ist der Chef über das Buch – bestimmt auch, in welchem Zoo ein Tier leben wird und mit wem das Tier Nachwuchs haben darf. Auch für den sibirischen Tiger, den Kleinen Panda oder den Tapir gibt es EEPs, die von anderen Zoos geführt werden. Im Tierpark und Tropen-Aquarium leben insgesamt 33 Tierarten, deren Bestand und Nachwuchs derart bedroht sind, dass ihr Bestand auf internationaler Ebene registriert und koordiniert wird.

Flachland-Tapir

Kleiner Panda

Seltene Wildesel

Onager sind asiatische Wildesel, die in den Salzwüsten des Iran leben. Sie erreichen ein Gewicht von bis zu 250 Kilogramm – das ist so viel wie 25 gefüllte Wassereimer wiegen. Onager sind von der Ausrottung bedroht: Die Zahl der wild lebenden Tiere nimmt stetig ab. Hagenbeck führt genau Buch über alle in europäischen Zoos geborenen Tiere – in der Hoffnung, dass diese Onager dazu beitragen, den Bestand wieder zu vergrößern.

WELTMEISTERWISSEN

Schnell wie der Wind

Onager sind unglaublich schnell. Im Galopp erreichen sie Geschwindigkeiten von 70 Kilometern pro Stunde, über längere Strecken sind für sie 50 Kilometer pro Stunde kein Problem. Damit sind sie so schnell wie ein Auto in der Stadt und deutlich ausdauernder als ein Pferd.

Jagd auf Raubkatzen

Leoparden leben in vielen Unterarten in Afrika und Asien. Der Nordchinesische Leopard gehört zu den am stärksten bedrohten Unterarten. Im Freiland lauern Leoparden, durch ihr Fell gut getarnt, in der Nähe von Wasserlöchern und Wildwechseln auf einem Baum. Von dort aus greifen sie ihre Beute an und töten sie durch einen gezielten Biss in den Nacken oder in die Kehle. Für Leoparden ist nicht nur die Zerstörung ihres Lebensraumes ein Problem. Sie werden auch von Wilderern wegen ihres einzigartigen Fells gejagt.

Verwandtschaft nicht erwünscht

Damit der Nachwuchs auch gesund auf die Welt kommt, dürfen die Elterntiere nicht miteinander verwandt sein. Deshalb wird in den Zuchtbüchern genau aufgeschrieben, welche Eltern und Großeltern sie haben. Sind die Tiere zu eng verwandt – etwa Geschwister oder Cousins – dürfen sie keinen Nachwuchs miteinander bekommen. Sie werden dann mit anderen Zoos oder Tierparks getauscht und bekommen dort einen nicht verwandten Partner.

Sensationell!

Tierbabys sind immer niedlich – doch für manche Arten bedeuten Jungtiere eine kleine Sensation, weil die Tiere von der Ausrottung bedroht sind oder ihre Zucht nur selten gelingt. An Tieren wird nicht nur im Freiland, sondern auch im Tierpark geforscht. Und dabei fördern die Wissenschaftler manchmal überraschende Erkenntnisse zutage.

Imposante Riesenrobben

Walrosse lebten schon immer bei Hagenbeck. Das berühmteste war sicherlich Antje, das ehemalige NDR-Maskottchen. Doch Nachwuchs gab es nie. Das änderte sich, als die vierköpfige Zuchtgruppe aus Moskau im Eismeer einzog. Im Sommer 2014 erblickte der kleine Thor als erstes Walrossbaby Deutschlands das Licht der Welt. Eine Sensation! Auch weltweit sind Walrossgeburten im Zoo eine absolute Seltenheit. Im Sommer 2015 bekam Thor dann mit Loki eine kleine Halbschwester. Mit weiteren Jungtieren wird gerechnet. Vielleicht siehst Du ja ein kleines Walross bei Deinem nächsten Tierparkbesuch.

Putzige Pelzträger

Eine der seltensten Tierarten in Zoos weltweit – der von der Ausrottung bedrohte Nordchinesische Leopard – hat im Tierpark Hagenbeck regelmäßig Nachwuchs. Nach einer Tragzeit von 93 bis 98 Tagen bringt das Weibchen ein bis vier Jungtiere zur Welt. Deren Geburtsgewicht liegt bei etwa 500 Gramm. Die Mutter säugt ihre Kinder bis zu fünf Monate. Frühestens mit zweieinhalb Jahren werden die Halbstarken geschlechtsreif.

Zauberhafte Zwillinge

Kattas sind in ihrer Heimat Madagaskar durch die unaufhörliche Waldvernichtung von der Ausrottung bedroht. Daher hat der Nachwuchs eine besondere Bedeutung. Während alle anderen Lemuren erst nachts richtig wach werden, sind Kattas zur Freude der Gäste tagaktiv. Dadurch bekommen die Besucher spannende Einblicke in das gesellige Leben dieser Halbaffen. Männchen und Weibchen haben eine eigene Rangordnung, das Oberhaupt der gesamten Gruppe ist jedoch ein Weibchen. Ähnlich wie beim Menschen bringen einige Weibchen manchmal Zwillinge zur Welt. Die Babys bleiben etwa vier Monate bei der Mutter, die sie zuerst am Bauch und später auf dem Rücken trägt. Oft kümmert sich die ganze Gruppe gemeinsam mit der Mutter um die Kleinen.

Jemen-Chamäleon

Rutschfest

Der Leiter des Tropen-Aquariums Dr. Guido Westhoff erforschte die Funktionsweise von Chamäleon-Füßen. Gemeinsam mit Fachkollegen der Universitäten Kiel und Bonn fand er heraus, dass Chamäleons sich nicht nur mithilfe ihrer Greifzehen festhalten, sondern dass spezielle Schuppen an der Innenfläche ihrer Füße die Haftung erhöhen. Die Tiere kletterten verschiedene Stangen – von einer rauen Schmirgelpapierstange bis hin zu einer glatten Glasstange – hinauf. Da die Stangen so schmal waren, dass die Tiere normalerweise hätten herunterrutschen müssen, war klar, dass die Schuppen zusätzlich für Haftung sorgen. Die Stärke der Haftung kann mit einer Formel ausgerechnet werden.

Ganz schön schlau

Zwei Studenten der Universität Rostock forschten im Großen Hai-Atoll mit Zebrahai Harry. Sie wollten herausfinden, ob Zebrahaie verschiedene Symbole unterscheiden können. Harry wurde darauf trainiert, zwei Bildschirme mit seiner Schnauze anzustupsen. Doch nur wenn er den Bildschirm mit dem richtigen Symbol berührte, bekam er ein Stück Fisch von den Forschern. Harry lernte schnell. So konnte bewiesen werden, dass Haie Symbole erkennen und ähnlich gut wie einige Säugetiere trainiert werden können.

Kommunikativ

Wie sich Südamerikanische Riesenotter miteinander verständigen, untersuchten zwei Studentinnen der Universität Ulm. Dafür forschten sie nicht nur im Freiland, sondern auch im Tierpark Hagenbeck. Riesenotter leben in Großfamilien, daher ist es für sie sehr wichtig, sich mitzuteilen. Die Forscherinnen konnten feststellen, dass die Otter über insgesamt 22 verschiedene Laute verfügen: von Bettelgeräuschen über Warnlaute bis hin zu Lauten bei der Partnersuche. Die Hälfte der Laute ist angeboren, die anderen lernen die Otter von ihren Familienmitgliedern.

Besuch aus München

Manchmal brauchen Tiere aus anderen Zoos auch nur vorübergehend eine neue Bleibe, zum Beispiel weil ihr Gehege erneuert wird. So ergeht es dem Elefantenbullen Gajendra. Solange im Münchener Tierpark Hellabrunn ein neues Elefantenhaus gebaut wird, wohnt er in Hamburg. Süßer Nebeneffekt: Gajendra hat bei Hagenbeck einige Elefantendamen gedeckt und ist bereits Vater von einer Elefantenkuh und einem Elefantenbullen geworden.

„Echte" Hamburger Pinselohrschweine

Pinselohrschweine verdanken ihren Namen den auffälligen Haarbüscheln an ihren Ohren. Diese farbenprächtigen Schweine leben in Westafrika und werden dort immer seltener. Deshalb koordiniert der Duisburger Zoo ein EEP (Europäisches Erhaltungszuchtprogramm) für diese schönen Tiere. Bei Hagenbeck sind schon einige Ferkel zur Welt gekommen. Sie haben wie alle kleinen Wildschweine ein gestreiftes Fell. Wenn sie groß genug sind, ziehen sie in andere Zoos.

Von Hamburg in die Welt

Der Rothalsstrauß ist eine seltene Unterart des Straußes, die in Nordafrika vorkommt. Weil die Vögel im Freiland sehr selten sind, hat der Zoo Hannover ein EEP ins Leben gerufen. Jetzt versuchen viele europäische Zoos und Tierparks diese Tiere zu züchten. Die erste Nachzucht Europas erblickte im Tierpark Hagenbeck das Licht der Welt. Seitdem schlüpfen hier regelmäßig kleine Rothalsstrauße. Wenn sie erwachsen sind, sollen sie in anderen Zoos eigene Familien gründen.

Reise nach Frankreich

Wenn Tierkinder groß werden, brauchen sie ein neues Zuhause, weil ihre Mütter sie dann nicht mehr in ihrem Revier dulden. Für die drei jungen Kamtschatkabären Igor, Ivan und Irina hieß es deshalb: Abschied nehmen. Sie leben jetzt im Zoo von La Fleche in Südfrankreich.

Naturschutz – was Du selbst tun kannst

Es gibt mehr als sieben Milliarden Menschen auf der Erde. Und jede Minute kommen 150 Menschen hinzu. Jeder von Ihnen braucht Nahrung, Kleidung, Wasser und Energie. Diese Dinge sind aber nicht unbegrenzt vorhanden. Deshalb ist es sehr wichtig, dass wir alle sparsam damit umgehen.

Ökologischer Fußabdruck

Der Platz auf der Erde, der benötigt wird, um den Lebensstil eines Menschen aufrecht zu erhalten, wird als ökologischer Fußabdruck bezeichnet. Dabei handelt es sich nicht um den Platz, den Du zum Wohnen brauchst, sondern um die Fläche, die benötigt wird, damit Du mit Nahrung, Kleidung, Wasser und Energie versorgt bist. Und den Platz, den der von Dir produzierte Müll einnimmt. Das Ziel ist es, das jeder Mensch einen möglichst kleinen Fußabdruck hinterlässt.

Energie sparen

Energie lässt sich auf vielfältige Weise sparen, zum Beispiel kannst Du das Licht ausschalten, wenn Du den Raum verlässt. Auch der Fernseher oder der Computer muss nicht ständig angeschaltet sein und die Kühlschranktür solltest Du ebenfalls rasch wieder schließen, nachdem Du Dir etwas herausgeholt hast. Deine Eltern fahren Dich mit dem Auto zur Schule? Nimm lieber das Fahrrad oder steige auf öffentliche Verkehrsmittel um. Ganz sicher fällt Dir noch mehr ein, was Du tun kannst.

Kein Palmöl

Palmöl ist in ganz vielen Produkten vorhanden. Ob in Lebensmitteln, z. B. im Schokoüberzug von Eis am Stiel, in Kosmetikartikeln oder in Teelichtern. In Südostasien werden riesige Regenwaldflächen gerodet, um dort Palmölplantagen zu schaffen. Deshalb solltest Du versuchen, Produkte mit Palmöl zu meiden. Es ist aber gar nicht so einfach herauszufinden, ob ein Produkt Palmöl enthält. Oft versteckt es sich hinter Begriffen wie ‚Palmate' oder ‚Cetyl' oder auch einfach nur ‚Pflanzenöl'. Du kannst im Internet Listen finden, auf denen die gebräuchlichen Palmölnamen stehen. Mittlerweile gibt es auch Apps, die Dir beim Suchen helfen.

Regionale Waren

Obst, Gemüse und Fleisch sollten möglichst von einem Erzeuger aus Deiner Nähe stammen. Der kurze Transportweg spart Energie und Abgase. Außerdem werden Tiere aus Übersee häufig mit Soja gefüttert, für dessen Anbau riesige Regenwaldgebiete abgeholzt werden.

Keine Papierverschwendung

Reduziere Deinen Papierverbrauch: Du musst nicht alles ausdrucken und kannst oft auch Rückseiten zum Beispiel zum Malen benutzen. Unerwünschte Werbesendungen kannst Du durch ein Keine-Werbung-Schild am Briefkasten stoppen. Verwende Recyclingpapier und bringe Dein Altpapier in den Sammelcontainer.

Wasser sparen

Sauberes Trinkwasser ist auf der Erde nur begrenzt vorhanden. Deshalb solltest Du beim Händewaschen oder Zähneputzen den Hahn zudrehen und das Wasser nicht unnütz laufenlassen. Wenn Du öfter duscht anstatt zu baden, kannst Du auch sehr viel Wasser sparen.

MSC-Zeichen

Beim Fischkauf kannst Du auf das MSC-Siegel achten. Fische mit diesem Siegel stammen aus zertifizierter, nachhaltiger Fischerei.

Tierpatenschaften

Mit einer Tierpatenschaft, zum Beispiel über Hagenbecks Förderverein, hilfst Du, einen Teil der Futter- und Pflegekosten Deines Patentieres zu übernehmen. Dafür bekommst Du einen Steckbrief „Deines" Tieres, eine Freikarte und eine Spendenquittung.

ZERTIFIZIERTE NACHHALTIGE FISCHEREI
MSC
www.msc.org/de

Für Champions! QUIZ

Wie gut kennst Du Dich im Tierpark und Tropen-Aquarium aus? Teste Dein Expertenwissen mit diesem Quiz. Die Buchstaben ergeben in der richtigen Reihenfolge das Lösungswort.

1 Wie viele Tiere leben im Tropen-Aquarium Hagenbeck?

W 14.300
A 17.400
F 9.800

2 Was sind Muntjaks?

S Europäische Laufhühner
E Afrikanische Halbesel
A Asiatische Zwerghirsche

3 Wann wurde die Zooschule gegründet?

N 1907
L 1985
O 2004

4 Welche Elefanten gibt es bei Hagenbeck?

I Afrikanische Elefanten
R Asiatische Elefanten
D Amerikanische Elefanten

5 Wie wurde das Eismeer ursprünglich genannt?

O Nordland-Panorama
U Südland-Panorama
A Westland-Panorama

6 Welcher Fisch lebt im Korallensaumriff?

X Lutscherzahnarztfisch
G Lakritzkrankenschwesterfisch
S Schokoladendoktorfisch

7
Wie viel Kilogramm Fleisch verarbeitet der Futtermeister in einer **Woche?**

- H   1.000 Kilogramm
- S   400 Kilogramm
- Z   250 Kilogramm

8
Was gehört zur „persönlichen Schutzausrüstung" der Tierpfleger?

- Z   Sonnencreme
- M   Nagelschere
- I   Waschlappen

9
Wie hieß der Lieblingslöwe von **Carl Hagenbeck?**

- P   Lorenzo
- E   Parma
- U   Triest

10
Wie schnell können **Onager** laufen?

- F   50 Kilometer in der Stunde
- C   70 Kilometer in der Stunde
- V   95 Kilometer in der Stunde

11
Welches Tier erblickte als erste Nachzucht Europas bei Hagenbeck das Licht der Welt?

- H   Rothalsstrauß
- Q   Zwergziegen
- W   Gefleckter Adlerrochen

12
Was schützt den Clownfisch vor den **Nesselzellen** der **Anemone?**

- N   seine reflektierenden Schuppen
- T   eine Schleimschicht
- J   Lachgas

Lösungswort: _ _ _ _ _ _ _ _ _ _ _ _

      1   2   3   4   5   6   7   8   9   10 11 12

DAS TIERPARK-1x1

Äquator

Rund um die Mitte unserer Erdkugel gibt es eine gedachte Linie namens Äquator. In dem Gebiet um diese Linie herum ist es meist sehr heiß und feucht.

Fauna

Zur Fauna gehören alle Tierarten, die auf der Erde leben.

Gaukler

Altertümliche Bezeichnung für Unterhaltungskünstler wie zum Beispiel Feuerschlucker oder Artisten.

Hundsaffen

Paviane gehören zu den Hundsaffen weil sie wie Hunde eine lang gestreckte Schnauze und einen Schwanz haben.

Kaiserschnitt

Operation, um ein Baby auf die Welt zu holen, wenn eine natürliche Geburt nicht möglich ist.

Kalkskelett

Steinkorallen sind Tiere, die aus den im Wasser gelösten Mineralen ein Skelett aus Kalk um sich herum bilden. Diese Kalkablagerungen wachsen mit den Korallen mit und bilden irgendwann – nach vielen Korallengenerationen und Jahrtausenden – ein Korallenriff.

Kastration

Entfernung der Keimdrüsen. Das sind bei männlichen Tieren die Hoden und bei weiblichen Tieren die Eierstöcke.

Luzerne

ist eine Nutzpflanze. Sie wird gerne als Futterpflanze verwendet, weil sie sehr viel Eiweiß und viele Blätter hat, was für die Verdauung aller Blattfresser wichtig ist.

Mineral

Minerale sind die Bausteine der Erde. Sie bestehen aus chemischen Elementen.

Mineralstoffe

sind chemische Verbindungen, die der Körper benötigt. Kalzium beispielsweise brauchst Du zur Bildung Deiner Knochen und Zähne. Mineralstoffe sind in Nahrungsmitteln oder Flüssigkeiten in Spuren vorhanden.

Nesselzellen

Nesselzellen gibt es nur in der Außenhaut von Nesseltieren. Das sind beispielsweise Seeanemonen, Korallen oder Quallen. Berührst Du die Haut, dann wird ein mikroskopisch kleiner Schlauch aus der Zelle herausgeschleudert und spritzt ein Gift in Dich hinein.

Parasiten

sind kleine Lebewesen, die auf Kosten anderer Körper leben. Sind zu viele Parasiten in einem Körper, wird dieser krank und kann sogar sterben.

Patent

Ein Erfinder hat etwas Neues entwickelt. Das meldet er bei dem so genannten Patentamt an, damit kein anderer diese Idee verwenden kann.

Plankton

Als Plankton werden winzige tierische und pflanzliche Lebewesen bezeichnet, die im Wasser leben und mit der Strömung treiben.

Solarzelle

Eine Solarzelle wandelt die Strahlung der Sonne in Strom um.

Symbiose

Als Symbiose (griech.: „gemeinsam leben") wird das Zusammenleben unterschiedlicher Arten bezeichnet, wenn für alle Beteiligten ein Vorteil daraus entsteht.

Tentakel

werden auch Fangarme genannt. Sie befinden sich z. B. am Kopf von Tintenfischen oder auch an Nesseltieren und anderen wirbellosen Tieren. Sie sind meist beweglich und dienen häufig dem Ertasten und Greifen von Beutetieren.

UV-Licht

oder auch Ultraviolettstrahlung ist eine für den Menschen unsichtbare Strahlung, die im Sonnenlicht enthalten ist. Sie ist für viele Lebewesen sehr wichtig, kann aber im Übermaß auch schädlich sein, und z. B. einen Sonnenbrand verursachen.

Bibliografische Information der Deutschen Nationalbibliothek
Die Deutsche Nationalbibliothek verzeichnet diese Publikation in der Deutschen Nationalbibliografie; detaillierte bibliografische Daten sind im Internet über http://dnb.dnb.de abrufbar.

1. Auflage 2016
© J.P. Bachem Verlag, Köln 2016
Herausgeber: Tierpark Hagenbeck Gemeinnützige Gesellschaft mbh
Autoren: Michaela Wilke, Eveline Düstersiek, Maike Hansen
Illustrationen: Frank Robyn-Fuhrmeister
Redaktion und Lektorat: Jennifer Wintgens
Layout: Giannina Brück
Druck: Grafisches Centrum Cuno, Calbe
Printed in Germany
ISBN 978-3-7616-2981-9
ISBN 978-3-7616-3030-3 EPUB
ISBN 978-3-7616-3031-0 MOBI
ISBN 978-3-7616-3032-7 PDF

Im Apple iBookstore und überall, wo es elektronische Bücher gibt.
Weitere Informationen auch unter www.bachem.de/ebooks

Bildnachweis: Archiv Hagenbeck, Hamburg: 5 o., 16 m. r., 42, 43, 44 o., 45 o. und u., 46, 47 o., m. r. und u., 48 u., 49 u.; Götz Berlik: Titel (Walross, Lori), Umschlagrückseite (Eisbären), 2, 6/7, 8 u., 9 u. l., 10 u. l. und m. r., 11 m. (Vögel), 12 o. und m. l., 16 m. l., 17 m., 18 u., 19 o. l., 20 m. und u. l., 21 o., 22 o. l. und u., 23 u. l., 24 m. und u., 25 o. (Kronenkranich), 26/27, 30 o. und m., 31 u., 32 o., 37 o. m., 44 u., 47 m. l., 50/51, 52 o., 53 o., 54 o. und m., 55 u., 57 o., 62, 63 u. l.; Andy Ertel: 3, 4 o. r., 17 o., 45 m., 49 o., 53 u. r., 55 o., 56 o., 64. 1. v. o.; Fotolia/apinun: 59 o.; Fotolia/Dan Race: 58; Fotolia/Eisenhans: 59 u. l., Fotolia/ILYA AKINSHIN: 59 u. r.; Fotolia/monticello: 59 m. l.; Fotolia/Zebor: 58 m. r.; Toni Gunner: 11 u., 40/41; Hagenbeck: Umschlagrückseite (Frosch), 4 u., 5 u., 9 m. l., 10 m. 1. und 2. v. l., 11 o. l., 12 m. l. und u., 13, 14/15, 16, 18 o. und m., 19 r. und l. 3. v. o., 20 o., 21 m. und u., 22 o. r. und m., 23 o., m. l. und u. r., 24 o., 25 o. (Rothalsstrauß), u. l. und r., 28, 29 o., u. r. und l., 32 m., 33 o., m. r., u. r. und l., 35, 36, 37 o. l., 37 o. r., u. r. und l., 38, 39, 48 o., 56 u., 63 o., 64 2., 3. und 5. v. o.; Jürgen Kreye: 4 o. l., 8 o., 9 o.; Lutz Schnier: Titel (Elefant) Vorsatz, Nachsatz,1, 4 m., 5 m., 9 m. r. und u. r., 10 o., 11 m. (Riesenzackenbarsch), 19 l. 2. v. o., 20 u. r., 23 m. r. (Katta), 29 m. r., 30 u., 31 o. und m., 32 u., 33 m. l., 52 u. r. und l., 53 m., 54 u., 57 m. und u., 63 u. r., 64 4. v. o.; Detlev Stenzel: 16 u.

MIX
Papier aus verantwortungsvollen Quellen
FSC® C043106
www.fsc.org

Wir haben uns bemüht, für alle Abbildungen die entsprechenden Inhaber der Rechte zu ermitteln. Sollten dennoch Ansprüche offen sein, bitten wir um Benachrichtigung.